VIDA DE RICO SEM PATRIMÔNIO

RODRIGO ZEIDAN

VIDA DE RICO SEM PATRIMÔNIO

ALTA BOOKS
EDITORA
Rio de Janeiro, 2015

Vida de Rico sem Patrimônio — Estratégias de Finanças Pessoais

Copyright © 2015 da Starlin Alta Editora e Consultoria Eireli. ISBN: 978-85-7608-869-1

Todos os direitos reservados e protegidos por Lei. Nenhuma parte deste livro, sem autorização prévia por escrito da editora, poderá ser reproduzida ou transmitida.

A editora não se responsabiliza pelo conteúdo do texto, formulado exclusivamente pelo autor.

Erratas e arquivos de apoio: No site da editora relatamos, com a devida correção, qualquer erro encontrado em nossos livros bem como disponibilizamos arquivos de apoio se aplicável ao livro. Acesse o site www.altabooks.com.br e procure pelo título do livro desejado para ter acesso as erratas e/ou arquivos de apoio.

Marcas Registradas: Todos os termos mencionados e reconhecidos como Marca Registrada e/ou Comercial são de responsabilidade de seus proprietários. A Editora informa não estar associada a nenhum produto e/ou fornecedor apresentado no livro.

Impresso no Brasil — 1ª Edição, 2015

Produção Editorial Editora Alta Books	Gerência Editorial Anderson Vieira	Design Editorial Aurélio Corrêa	Captação e Contratação de Obras Nacionais J. A. Rugeri Marco Pace autoria@altabooks.com.br **Ouvidoria** ouvidoria@altabooks.com.br	Marketing e Promoção Hannah Carriello marketing@altabooks.com.br
Produtor Editorial Thiê Alves	Supervisão Editorial Angel Cabeza Sergio de Souza			Vendas Atacado e Varejo comercial@altabooks.com.br
Equipe Editorial	Claudia Braga Carolina Giannini Gabriel Ferreira Jessica Carvalho	Juliana de Oliveira Letícia de Souza Mayara Coelho Mayara Soares	Milena Lepsch Milena Souza Rômulo Lentini Silas Amaro	
Revisão Gramatical Janda Montenegro	**Layout e Diagramação** Futura	**Capas** Aurélio Corrêa		

Dados Internacionais de Catalogação na Publicação (CIP)

Z45v   Zeidan, Rodrigo.
           Vida de rico sem patrimônio / Rodrigo Zeidan. – Rio de Janeiro, RJ : Alta Books, 2015.
           192 p. ; 21 cm.

           Inclui bibliografia.
           ISBN 978-85-7608-869-1

           1. Finanças pessoais. 2. Planejamento financeiro. 3. Educação financeira. I. Título.

                                              CDU 330.567.2
                                              CDD 332.024

Índice para catálogo sistemático:
1. Finanças pessoais   330.567.2

(Bibliotecária responsável: Sabrina Leal Araujo – CRB 10/1507)

Rua Viúva Cláudio, 291 — Bairro Industrial do Jacaré
CEP: 20970-031 — Rio de Janeiro
Tels.: 21 3278-8069/8419 Fax: 21 3277-1253
ALTA BOOKS   www.altabooks.com.br — e-mail: altabooks@altabooks.com.br
EDITORA   www.facebook.com/altabooks — www.twitter.com/alta_books

SUMÁRIO

PREFÁCIO IX
O modelo mental xii

INTRODUÇÃO — POUPAR IMPORTA? XVII
Dinheiro como meio, não fim xix
Dicas de finanças pessoais xxi
Poupar é um sacrifício xxiii
O leitor ideal xxiv
Como tomamos decisões erradas, um exemplo xxvii

CAPÍTULO 1 — A VIDA FINANCEIRA IDEAL 1
Padrão de renda 4
Os três períodos do ciclo de vida financeira ideal 8
Edgar e Isolda — O casal DINK 11

CAPÍTULO 2 — OS PERÍODOS FINANCEIROS 13
1º Período — Porque fazer dívidas é bom 13
2º Período — O período de poupança 16
3º Período — Desinvestimento 19

CAPÍTULO 3 — PATRIMÔNIO E FAMÍLIA 23
Quando começar a poupar e a gastar? 26
Um breve adendo e um comentário de um dos
  maiores CEOs do século XXI 28

CAPÍTULO 4 — POR QUE POUPAMOS? UMA
BREVE ANÁLISE DA TEORIA DE FINANÇAS 31

CAPÍTULO 5 — EVIDÊNCIAS EMPÍRICAS, FINANÇAS
COMPORTAMENTAIS E POUPANÇA PRECAUCIONAL 39

CAPÍTULO 6 — AJUSTES DE ESTRATÉGIA: COMO
INCORPORAR DINÂMICA ÀS DECISÕES DE
PLANEJAMENTO FINANCEIRO 51
Aplicando os conceitos: Que variáveis importam? 56
Até os gênios erram — Steve Jobs e seus traumas 60

CAPÍTULO 7 — QUE CASA PRÓPRIA COMPRAR?............................... 63
Casa própria como um ativo seguro e com benefícios intangíveis 64
Amor ao tijolo no Brasil e na China 75

CAPÍTULO 8 — PATRIMÔNIO TEMPORÁRIO — MORANDO DE
ALUGUEL PARA COMPRAR A CASA PRÓPRIA 77
1ª Estratégia: comprando a casa própria através do aluguel 77
Prestações fixas ou atualizáveis? 81

CAPÍTULO 9 — COMO COMPARAR INVESTIMENTOS
FINANCEIROS 83

CAPÍTULO 10 — ERROS COMUNS EM MEDIR RETORNOS
FINANCEIROS 87
O retorno passado não é garantia de retorno futuro 87
Ilusão monetária 90
Quando os custos de transação são realmente importantes:
    Checando a taxa de administração 91
Medindo a liquidez em dias..92
O dólar como ativo financeiro: Mais um trauma do passado 93
Imóvel como ativo financeiro 95

CAPÍTULO 11 — GESTÃO DE RISCOS 99
A base da gestão de risco — A taxa de juros livre de risco 100
O caso do empreendedor — Medindo o retorno de um acionista 109

CAPÍTULO 12 — ANÁLISE DE PORTFÓLIO... 111
Diversificação, risco idiossincrático e sistemático 118

CAPÍTULO 13 — DEFININDO ESTRATÉGIAS 123
Títulos públicos: Como ganhar dinheiro pela paciência **125**
Jogando na loteria uma vez por ano **130**
Risco retorno e a diversificação em produtos
  financeiros sofisticados **131**

CAPÍTULO 14 — OS ARQUÉTIPOS BRASILEIROS 133
O hedonista **133**
O dilema do funcionário público **135**
Sr. Scrooge **138**
O profissional liberal **139**
O empreendedor..**140**
1ª Fase: Construção do negócio **140**
2ª Fase: Diversificação natural **141**
3ª Fase: Profissionalização..**141**

CAPÍTULO 15 — LIÇÕES: RENDA E NÃO PATRIMÔNIO.................... 145
A carteira ideal **147**
Do aluguel aos cupons: Como viver de renda **150**

CAPÍTULO 16 — CONCLUSÃO — A VIDA SEM PATRIMÔNIO........... 153
Comentários sobre outros livros, ou uma breve
  bibliografia sobre finanças pessoais e
  administração financeira **155**

ÍNDICE 161

PREFÁCIO

Poupamos demais, poupamos de menos ou poupamos errado. A maioria dos brasileiros pode escolher uma das opções acima, mas, dificilmente, pode escolher a opção de estratégia mínima de poupança correta. Este livro discute muitos assuntos importantes sobre decisões de finanças pessoais, desde as comportamentais, até a teoria de renda permanente. Mas as lições finais são simples: devemos poupar o mínimo possível para atingir um objetivo de longo prazo, o que significa adiar o período de poupança, ou poupar menos que o recomendado pela maioria dos gurus financeiros; montar uma carteira que combine risco e retorno de forma eficiente (tendemos a nos focar em risco, mas não retorno); levar em conta efeitos cognitivos que nos desviam da racionalidade; e estabelecer estratégias condizentes com nossos objetivos de longo prazo.

Todos nós fomos traumatizados pelo período de 20 anos de quase instabilidade econômica, desemprego e baixo crescimento. No plano das finanças pessoais, isso significa que as decisões financeiras que tomamos hoje ainda são extremamente influenciadas por um modelo mental baseado na extrema incerteza com relação ao futuro. Ou seja, pelo medo. A maioria dos brasileiros simplesmente tem um grande medo de perder o emprego, a saúde, a poupança — afinal, estamos em um país no qual a poupança foi confiscada e o Brasil sempre foi a promessa de futuro. Aquele que nunca parecia que podia chegar. O resultado desse medo é que tomamos decisões financeiras baseadas em um modelo ultrapassado.

O Brasil é um país com estabilidade econômica crescente em relação ao resto do mundo. Um país quase normal. O modelo mental do passado afeta a todos, inclusive a empresários. Em uma reunião com um CEO (Chief Executive Officer, ou presidente) de uma média empresa, ele admitiu que o modelo mental dele estava preso no passado, e que para discutir o planejamento financeiro ele deveria primeiramente sentar num divã para se livrar desses traumas e poder tomar decisões de planejamento financeiro mais racionais, para si e para sua empresa. Este livro está escrito na segunda pessoa do plural, porque eu compartilho todos os traumas que afetaram os brasileiros. Também tenho meu planejamento financeiro pessoal e dificuldades em aplicá-lo de forma racional.

O brasileiro médio tem como principais características um alto grau de aversão ao risco, um demasiado amor a tijolo (a busca pela propriedade física e pelo patrimônio, em vez de fluxo de caixa), uma preguiça de se educar sobre produtos financeiros e uma desconfiança generalizada sobre qualquer ativo financeiro mais sofisticado — a caderneta de poupança é ainda o produto mais utilizado pela população brasileira. Diferentemente da maioria dos outros países, no Brasil, a correlação entre grau de educação em geral e o grau de educação financeira é baixa — mesmo mestres e doutores têm muita dificuldade em entender o funcionamento do sistema financeiro e em escolher estratégias de poupança que façam sentido, dadas suas perspectivas de renda.

Essa falta de educação financeira e as características acima são resultados da história recente do Brasil: crises sucessivas, câmbio valorizado e juros altos levaram a sociedade brasileira a uma situação de complacência em relação aos projetos de finanças pessoais. Enquanto em outros países é comum que famílias tenham carteiras diversificadas, com variedades de fundos, ações e propriedades, no Brasil ainda estamos presos no binômio imóveis/poupança, dois investimentos excelentes em épocas de crise profunda, mas que não necessariamente apresentam a melhor combinação risco/retorno no mundo moderno.

Aqui proponho um novo modelo mental para finanças pessoais no Brasil. Mas que modelo mental seria esse? O ponto de partida é a construção de um modelo de finanças no qual as decisões sereiam baseadas no futuro (e não no que foi feito no passado, como é comum no Brasil), em que os objetivos financeiros sejam enquadrados nos objetivos de vida (mesmo com muito dinheiro, de quê adianta uma fortuna se não se está preparado para isso?), e a adequação de cada planejamento ao seu perfil de risco (o que significa, em alguns casos, adiar o começo do período de poupança ou mesmo poupar quase nada).

Ou seja, a ideia é uma mudança de paradigma sobre finanças pessoais. No nosso novo modelo — que não é inovador, pois junta trabalhos de vários outros autores e tem como base a teoria de ciclo de vida de Franco Modigliani (economista que ganhou o prêmio Nobel) —, vários conceitos são quebrados ao longo dos capítulos: dívida é bom, herança não deve ser a prioridade das finanças de longo prazo e talvez nem a aposentadoria; um indivíduo deve se endividar no começo da vida e somente poupar depois, e poupar é uma decisão cheia de armadilhas, o que significa que pode ser ideal adiar o período inicial de poupança para o momento certo.

Esse é um livro para todos os diferentes perfis de risco e todo tipos de leitores, desde aqueles que querem ficar milionários até aqueles que gostariam de montar uma vida tranquila. Para todos os casos há estratégias mais ou menos adequadas. Mas, enquanto para decisões amorosas passamos anos sonhando com o parceiro ideal e fazendo escolhas muito bem pensadas, para determinar a pessoa com quem vamos casar (ou manter relacionamentos) é diferente.

No mundo das finanças, a maioria das pessoas tomam decisões importantíssimas (quando comprar a casa própria, o que fazer com a rescisão, onde investir meu dinheiro) com poucas informações, baseando-se no lado emocional ou delegando essas decisões a terceiros, desde gerentes de bancos a familiares e companheiros. Tomar as rédeas do planejamento financeiro pessoal é libertador, mas a liberdade tem seu preço, que é o da informação e da curiosidade intelectual. Não existem fórmulas de bolo, nem saídas prontas.

O modelo mental

Nosso modelo mental está ultrapassado. E a razão é simples: decisões financeiras corretas são tomadas baseadas em expectativas. Futuro. Mas esse é o problema: o Brasil nunca teve futuro. Como tomar decisões baseadas no futuro, se o Brasil não tinha futuro? Hiperinflação, desemprego, confisco de poupança, calote da dívida externa, mudanças de moeda entre outras características únicas da economia brasileira não permitiam qualquer tipo de planejamento de futuro. Não havia como se pensar em qualquer plano de longo prazo.

Na verdade, um prazo longo no Brasil não existia. Ainda hoje pensamos em salários ou taxas de juros como valores mensais. Quando alguém lhe pergunta qual o seu salário, a resposta é sempre dada no valor recebido por mês. Quanto você ganha? Cinco mil reais. Qual a taxa do empréstimo? 2% ao mês. Isso não existe em qualquer outro lugar do mundo. Salários são anuais, assim como taxas de juros. Quer comprar uma casa em Nova York? Vai pagar algo em torno de 5% ao ano, nunca ao mês. Quer negociar para trabalhar em Londres? Seu salário base vai ser 60 mil libras ao ano.

Embora o processo hiperinflacionário tenha acabado há mais de 20 anos, não mudamos a forma de pensar em remuneração do trabalho ou no capital. Criamos salários e juros mensais, porque quando a inflação pode chegar a dois dígitos ao mês, não há como calcular um salário anual. Podíamos ganhar 50.000 cruzados em um mês e 5.600 cruzeiros reais seis meses depois. O mesmo para a taxa de juros. E esse efeito não só permanece até hoje, como também é sintoma de uma cultura na qual é muito difícil lidar com o futuro. O grau de aversão do brasileiro com relação ao risco é muito alto, mas não por fatores históricos, ou somente por uma herança portuguesa, mas sim pelo fato de que fomos traumatizados por um período de décadas de instabilidade econômica.

Deveríamos estar livres disso, afinal, o Brasil hoje é um país de classe média como qualquer outro no mundo. Protecionista, ineficiente, burocrático, elitista, racista e cheio de problemas. Mas estável, com uma inflação controlada, com o crescimento recalcitrante e com o desemprego que depende dos ciclos econômicos.

Ou seja, igual a muitos outros países. No passado, fazíamos gestão de emprego, não de carreira. Afinal, como pensar numa carreira quando não se sabia se a moeda seria a mesma em três meses? O Brasil mudou, mas as pessoas, não. Ainda tomamos decisões baseadas nos medos e na falta de informação do passado.

Queremos segurança a qualquer custo, ficamos com medo de perder o emprego, não sabemos o valor do dinheiro no tempo e nem como montar uma estratégia de longo prazo. As empresas não sabem fazer planejamento estratégico e os empresários pensam que o valor da empresa está nos seus ativos. O modelo mental moderno é bastante simples: o que importam são os fluxos, não os estoques. Mais ainda: expectativas são o que importa na tomada de decisão. O patrimônio é irrelevante se não gerar fluxos, seja para um indivíduo, ou para uma empresa; decisões passadas são apenas isso: decisões que foram tomadas no passado e, portanto, não devem influenciar decisões futuras. Quais são as características do modelo mental correto para tomada de decisões financeiras?

- O passado pouco importa — damos muito mais importância a eventos do passado do que deveríamos.
- Expectativas são fundamentais.
- Planejamento é possível.
- O futuro traz oportunidades e não somente riscos.
- Decisões financeiras devem ter objetivo.
- Renda, não patrimônio.
- Toda decisão envolve custos de oportunidade, que devem ser mensurados.
- Devemos levar em conta desvios comportamentais no processo de tomada de decisão.

Vamos começar com a ideia de que planejamento é possível. Embora pareça óbvio, a maioria dos brasileiros e das empresas brasileiras não sabe se planejar para o futuro. E por que isso? Porque o Brasil não tinha futuro. A maioria das empresas brasileiras começou a fazer planejamento estratégico em 2007–2008. Muitas ainda não o fazem. Mesmo as que fazem, usam como horizonte de tempo 2-3 anos, sendo que algumas chegam a 5 anos.

É muito difícil convencer um empresário de que ele deve se planejar para algo além de 2 anos, e o argumento para isso é bem simples: é praticamente impossível fazer com que um brasileiro tente enxergar as possibilidades de um horizonte maior do que 24 meses, afinal, há menos de uma geração nosso horizonte era de uma semana. Como resolver isso? Olhar o que fazem no mundo e tentar imaginar cenários para carreira, realizações pessoais, etc. A típica pergunta americana — "Quem você quer ser em 5 anos? E em 10 anos?" — normalmente não se aplicava no Brasil.

Porém, agora, sim, podemos nos planejar. Em 5 anos, alguém pode construir a base de uma sólida carreira, fazer um doutorado no exterior, passar por um processo de trainee, tudo isso sem a incerteza de que se não houver emprego no final do mês ainda assim é possível se planejar. Claro que isso ainda não vale para todos os brasileiros, já que ainda somos um país com extrema desigualdade de renda, porém, hoje, muitas famílias conseguem se planejar, mas não sabem como fazê-lo, já que não há histórico disso no país.

Isso vale para o fato de que o passado importa pouco como previsor do futuro no Brasil e em muitos lugares do mundo. Contudo, ainda damos muito mais importância aos efeitos passados do que às expectativas sobre o futuro. Um estudo recente, segundo a Economist, mostrou que os alemães ainda hoje têm mais medo da inflação do que de contrair câncer. E a hiperinflação alemã acabou na década de 1920! No Brasil, ainda falamos em confisco de poupança, hiperinflação e taxa *overnight*, como se fossem coisas que aconteceram há dias, ou que pudessem voltar a acontecer a qualquer momento. Ambos os fenômenos são completamente irracionais, e o medo completamente infundado.

O Brasil (assim como a Alemanha) é muito diferente do país que confiscou a poupança. Não só o Brasil, mas o mundo mudou, e é praticamente impossível voltarmos ao cenário da década de 1990. Mesmo que o cenário se deteriorasse, hoje, o fluxo de informações é muito mais rápido e poderíamos nos prevenir sem as mesmas dificuldades que enfrentávamos nas décadas de 1980 e

1990. No final das contas, temos que olhar para o futuro e traçar estratégias que façam sentido para explorar melhor as oportunidades e minimizar os custos da poupança.

Hoje em dia temos centenas de opções diferentes para poupar e investir, desde títulos públicos a ETFs (Exchange-Traded Funds) e fundos em moeda estrangeira. Mensurar os custos de oportunidade é fundamental (veremos, por exemplo, que a quantia de dinheiro que deveria ser mantida na caderneta de poupança é zero, já que há oportunidades com maior retorno e menor risco). Além disso, o que importa é a renda dos ativos, e não o valor patrimonial.

Antigamente, podíamos ter apartamentos vazios, fazendas abandonadas e carteiras financeiras, que mantínhamos sem análise profunda. Hoje em dia, contudo, o nome do jogo é renda. E esse é o problema que muitas vezes passa despercebido — ainda nos focamos em ficar milionários, uma visão patrimonialista, quando o correto é ter alta renda. O próprio termo milionário ainda chama muita atenção, e é um termo associado a patrimônio.

Mas, viver bem significa ter renda perpétua, independente do valor patrimonial. Essa visão moderna, já bem incorporada nas empresas, que buscam lucratividade e rentabilidade, sem se preocupar com acúmulo patrimonial, também deve ser compreendida no âmbito das finanças pessoais. Afinal, qual o valor de um alto patrimônio se não pudermos usufruir do mesmo? Esta é a nova definição de riqueza: renda permanente. Na visão antiga, riqueza é igual a patrimônio. Na visão moderna, o que importa é um fluxo de caixa alto e permanente.

INTRODUÇÃO — POUPAR IMPORTA?

Segurança e tranquilidade são as principais razões pelas quais pensamos em planejar o futuro. Uma boa renda, casa própria, falta de preocupações financeiras e uma velhice tranquila são os grandes sonhos que acalentam os dias longos de trabalho e as noites mal dormidas, pensando em contas e diversas obrigações financeiras. Todos nós temos medo do futuro e, por isso, agimos para nos proteger contra o imponderado. Isso significa que tomamos várias decisões para tornar nossa vida mais fácil no futuro, tais como fazer uma boa faculdade, procurar um bom emprego e poupar para a velhice.

Essa visão simples do mundo, embora senso comum, esconde uma série de armadilhas, especialmente em relação à poupança. Temos a ideia inata de que poupar é importante, mas nos falta várias informações para que as estratégias de poupança sejam eficientes: quando começar a poupar? Quanto deve ser poupado e por quanto tempo? Quando devemos começar o processo de despoupança, isto é, quando começar a gastar o que poupamos? Quais os investimentos ideais?

Poupar é muito mais complicado do que se parece, e isso se reflete na imensa dificuldade que temos em lidar com essa importante etapa da nossa vida financeira. Isso se torna mais importante porque a transição de uma economia com hiperinflação para uma estabilidade, que recentemente atingiu a maioridade, trouxe uma mudança importante no perfil das finanças familiares: hoje, no Brasil, é possível fazer um planejamento que envolva poupança de longo prazo, algo impensável quando o país apresentava taxas de inflação mensais de mais de 20%.

Hoje temos à nossa disposição toda uma gama de possibilidade de investimentos: PGBLs, VGBLs, Fundos de Renda Fixa, de Ações, CRIs, CDBS, imóveis, poupança, e tantos outros tipos de opções que tornam a escolha de um portfólio de investimentos algo complexo, mas que, ao mesmo tempo, dá diversas opções a quem quiser se proteger para o futuro. Ainda assim, o brasileiro médio é conhecido por poupar pouco e consumir muito, o que é visto inerentemente como algo ruim para o país. Reportagens como: "Por que o brasileiro não poupa para o futuro?" (Época, 06/01/2012) e "Brasil precisa poupar, mas poucos estão dispostos a isso" (Veja, 18/07/2010) são comuns na imprensa, e passam a imagem de que poupar é bom, enquanto o consumo exacerbado é ruim para a economia e os próprios brasileiros.

Existe uma ansiedade grande para muitos brasileiros na relação entre o nível de poupança e o futuro, especialmente porque muitos acham que estão poupando pouco e comprometendo seu futuro. Diversas fórmulas prometem riquezas para aqueles que poupam muito e/ou por um longo tempo. Muitos ensinam várias dicas de finanças que são extremamente importantes para um público que tem pouca familiaridade com o tema, porém, a maioria parte do pressuposto de que devemos nos comportar como se o Brasil ainda estivesse preso na incerteza do passado — e como se as pessoas estivessem presas com o resto do país, num modelo mental ultrapassado.

Nesse livro vamos mais fundo e perguntamos, primeiramente, se poupar realmente é necessário. Será que poupar importa? Poupar é um sacrifício que é pouco explorado pelos milhões de artigos que mostram como poupar é importante. Além disso, também devemos analisar o período de "despoupança" — como fazemos para gastar o que acumulamos? A maioria dos livros para no período de acumulação — o que fazer uma vez que se está rico? Quais produtos financeiros são adequados para quais investidores? Essa é uma pergunta fundamental que vai definir o perfil de poupança — pessoas que aceitam mais risco não somente devem investir em produtos mais arriscados, mas também devem poupar menos.

Várias ideias arraigadas na psicologia do brasileiro têm custos ocultos, que são pouco explorados nas explicações normais sobre comportamento financeiro: a aquisição da sonhada casa própria pode, por exemplo, tornar a mobilidade profissional mais difícil, por criar resistência a uma mudança de cidade ou de país; perdas em investimentos resultam em estratégias, normalmente erradas, de esperar que haja recuperação das perdas; poupar demais significa um desperdício de consumo presente, pois poupar é um sacrifício; fazer dívidas no começo do ciclo de vida financeiro pode ser muito bom e, portanto, muitas vezes deve-se adiar o começo da poupança, etc.

Aqui pretendemos explorar o mundo das finanças pessoais de forma racional e direta, apresentando opções para diferentes tipos de perfis de indivíduos. Para responder as perguntas fundamentais de finanças pessoais, e chegarmos a um padrão de poupança ideal para cada tipo de indivíduo, precisamos de um pano de fundo de teoria de finanças, que tentamos mostrar de forma simples e direta. Assim, poderemos chegar ao nível de poupança ideal e os prazos para se começar a poupar e gastar o que se poupou ao longo de uma vida. As respostas para todas essas perguntas dependem de diversas variáveis e o próprio conceito de poupança muita vezes é mal compreendido: as pessoas inerentemente consideram poupar uma coisa boa, mas esquecem que poupar também é um sacrifício.

Dinheiro como meio, não fim

> O amor ao dinheiro, além de meio para aproveitar a vida, é uma dessas propensões semicriminosas, semipatológicas, que deveriam ser displicentemente relegadas aos especialistas em doenças mentais.
> (John M. Keynes)

Keynes é dos maiores economistas da história, e nessa frase estava tão certo quanto em incontáveis outras. A tese principal deste livro tem como base o fato de que o dinheiro — e, portanto, a poupança — é um meio para aproveitar a vida. Em um mundo ideal, ninguém deveria se preocupar com dinheiro, e todos estariam livres para perseguir suas ideias, desvinculados da relação com o capital. Mas a realidade é que vivemos em um sistema capitalista no qual a tranquilidade material está relacionada à capacidade de geração de renda e de acúmulo de capital ao longo da vida.

Por isso, dentro da nossa realidade, a estratégia financeira ideal da qual partimos é aquela na qual passamos o menor tempo possível gerenciando nossos recursos, para que sempre possamos ter o suficiente para aproveitarmos a vida. O que importa é o valor de uso do dinheiro, e não sua acumulação pura e simples. Bertrand Russel acreditava que seria possível que o homem do futuro pudesse aproveitar a vida — o avanço tecnológico nos levaria a trabalhar somente quatro horas por dia, com tempo suficiente para os verdadeiros objetivos da vida: pintura, lazer, literatura e poesia. Keynes não era muito diferente.

No seu ensaio sobre as possibilidades econômicas para nossos netos (Economic Possibilities for Our Grandchildren, 1930)[1], ele tinha uma tese simples: com o aumento da produtividade derivada do progresso tecnológico, as pessoas poderiam trabalhar cada vez menos para satisfazer suas necessidades, até o dia em que poderíamos trabalhar quase nada. Keynes, então, escreveu que a humanidade teria um grande problema, que seria como usar essa liberdade em vez de ocupar nosso tempo com trabalho. Ele achava que alcançaríamos isso em cem anos, ou seja, em 2030.

Embora não vivamos em um mundo com pessoas produtivas e trabalhando cada vez menos, na verdade, Keynes não estava tão errado assim. A diferença de produtividade entre os indivíduos faz com que aqueles mais produtivos escolham trabalhar menos e aproveitar mais a vida. A não ser os workaholics, é claro. Ainda assim, a ideia de Keynes consistia que o importante era viver uma vida sábia, bem vivida, e sem ser escravo do dinheiro.

O acúmulo de capital como fim não é uma atitude racional, de acordo com as premissas desse livro, que não se destina a pessoas que querem ficar ricas a todo custo, mas sim àquelas que desejam aproveitar a vida de maneira que possam sempre manter um bom padrão de vida, dados seus ganhos presentes e suas perspectivas futuras de renda, com uma importante observação: como poupar é um sacrifício, a estratégia ideal é aquela que minimiza a poupança para atingir o grande objetivo de aproveitar a vida.

---

[1] Keynes, J. M. (1930). *The Economic Possibilities of our Grandchildren*, publicado no Vol. IX dos Collected Writings of JM Keynes (1973).

O resultado final é que o patrimônio familiar deve servir à família, e sua curva é crescente durante um período, mas decrescente à medida em que é utilizado para aumentar os gastos no período final da vida. A cultura patrimonial brasileira é a de acúmulo perpétuo de patrimônio, que vai ser deixado a filhos e netos que, por sua vez, deveriam acumular ainda mais patrimônio. Apesar dessa ser uma estratégia interessante, somente funciona se, ao mesmo tempo, isso não impacta no padrão de vida presente e futuro da família.

Muitas vezes esse acúmulo de patrimônio é feito às custas de um sacrifício exacerbado de alguns membros da família, e é bem normal o exemplo do sacrifício de uma geração em favor das outras. Aqui, partiremos do princípio de que todas as gerações devem ser capazes de aproveitar a vida de acordo com seu planejamento financeiro de gastos e renda perpétua, e que, embora possa existir, o patrimônio intergeracional não deve ser a prioridade familiar.

Assim, esse livro é ideal para aqueles que estão em um dos seguintes casos:

- Querem trabalhar para viver e não viver para trabalhar;
- Querem ficar ricos, mas estão dispostos aos sacrifícios necessários;
- Têm um patrimônio familiar e querem saber como maximizar seu uso;
- Querem entender como fazer contas de custos e benefícios em relação às decisões sobre finanças;
- Querem tomar decisões financeiras racionais e independentes das pressões sociais.

Dicas de finanças pessoais

O mundo das finanças é opaco, com várias fórmulas matemáticas, e é recheado de termos técnicos. Além disso, o mercado de capitais brasileiro se desenvolveu bastante nos últimos vinte anos, desde que saímos do período inflacionário. Além disso, lidamos com diversos componentes psicológicos e modelos mentais que mudam mais lentamente que o desenvolvimento do mercado financeiro.

Tudo isso resulta numa grande insegurança na forma como as pessoas lidam com dinheiro. Mais ainda, poucos assuntos geram mais discussão ou juízos de valor ao comportamento alheio que os padrões de gastos e poupança das famílias, afinal, expressões como "mão-de-vaca", "unha de fome", "consumidor compulsivo", "irresponsável com dinheiro" e outras mais fazem parte do nosso dia a dia, e de como vemos a forma com que outras pessoas lidam com finanças pessoais. Aqui tentamos criar regras de decisão baseadas em um modelo mental, que é inspirado em como deve ser a sociedade mundial no futuro, e não nos traumas do passado.

Ou seja, uma forma de pensar que peso, custos e benefícios de cada decisão financeira, de forma que possamos fazer escolhas baseadas em caminhos nos quais pesamos de forma racional as relações risco e retorno, entre os diferentes cursos de ação e seus impactos sobre o nosso futuro. Assim, as "dicas" abaixo, saídas do senso comum, podem até estar corretas em situações especiais, mas não podem ser usadas como regras de bolso por todos os tipos de pessoas, já que cada uma apresenta diversos custos ocultos, que podem se tornar um grande sacrifício, seguidas ao pé da letra.

- Poupe pelo menos 10% da sua renda (alguns especialistas chegam a 30%).
- Quanto mais cedo se começa a poupar, melhor.
- Faça sempre um orçamento, e controle todas as despesas.
- Tenha uma vida simples.
- Nunca faça dívidas.
- Quem casa, quer casa.
- Acumule patrimônio.

Na verdade, quaisquer dessas dicas podem funcionar **no momento certo e para determinado tipo de pessoa**, mas, com certeza, não podem ser alardeadas como as melhores estratégias para todos os perfis de investidores. É sempre importante desafiar o senso comum, mesmo se for para concluir que, no final das contas, ele pode estar certo.

Poupar é um sacrifício

A primeira regra que um economista aprende é que a resposta para qualquer pergunta, seja ela "a taxa de juros deve subir?" ou "O PIB vai crescer acima de 3% esse ano?" é sempre: depende! Praticamente qualquer evento em Economia, seja a redução de uma tarifa de importação, um aumento de impostos, uma decisão de consumo ou mesmo uma política de aumento salarial para professores, apresenta um lado positivo e um lado negativo, dependendo do grupo afetado pelo evento a ser analisado. A poupança funciona exatamente da mesma forma, trazendo benefícios e custos ao poupador, embora seja normal a atitude de desconsiderar qualquer efeito negativo no ato de poupar.

Poupar é um sacrifício do indivíduo presente em relação ao seu futuro, e significa que se consome menos hoje para que a sua versão futura possa comprar mais. A justificativa para isso é o risco — é sempre bom ter onde cair morto! —, mas isso não muda o fato de que poupar requer um menor consumo presente, um menor padrão de vida atual e, portanto, é um sacrifício. Na cultura brasileira, as pessoas internalizaram esse fato de tal forma que, muitas vezes, para poder poupar, os brasileiros adquirem produtos financeiros que funcionam como contas mensais, ou seja, devem ser pagos como uma prestação de um carro ou de casa — de preferência, que o dinheiro seja retirado mensal e automaticamente da conta corrente, num valor pré-determinado.

Nesse caso, a única forma de poupar seria "esquecer que esse dinheiro existe", transferindo a responsabilidade do planejamento financeiro para o gerente do banco. Ou seja, poupar é um sacrifício tão grande, que muitas pessoas só conseguem fazê-lo de forma forçada. É muito comum a frase "a única maneira de poupar é se eu nem vir a cor do dinheiro!". O que os olhos não veem o coração não sente e, portanto, muitas pessoas recorrem ao gerente do banco para fazer um aporte mensal programado num fundo, uma previdência privada com depósito definido ou, ainda, o ovo de ouro no quesito da poupança mensal forçada: o sonho da casa própria.

Poucas coisas deixam os brasileiros tão felizes quanto pagar a prestação mensal da tão sonhada casa própria. Existe uma dicotomia muito forte em relação ao ato de poupar: embora a maioria das pessoas reconheça internamente que poupar é um sacrifício, há também uma forte sensação de que poupar é um ato nobre, que traz segurança e demonstra um ato de responsabilidade. Enquanto há muitos livros, reportagens, blogs e outras formas de expressão sobre como é importante poupar e como um centavo poupado é um centavo ganho, poucos exploram a relação custo/benefício do ato de poupar e das consequências de se acumular dinheiro com prazo indefinido.

Milhares são as dicas de como começar a poupar e como se esforçar para ter uma poupança planejada e constante, mas, poucos são os que se referem ao sacrifício que poupar representa ou, mais ainda, sobre o que deve ser feito com os recursos acumulados, quando na época de se desfazer deles. E, racionalmente, o modelo ideal é aquele no qual, ao morrermos, não temos nenhum patrimônio (a não ser, talvez, alguma herança para que nossos descendentes tomem decisões racionais sobre finanças quando for a vez deles).

O leitor ideal

Para quem esse livro está sendo escrito? Primeiramente, como já observamos, é um livro para aqueles que consideram o dinheiro como um meio, e não um fim em si, para aqueles que trabalham para viver, e não que vivem para trabalhar. Mais importante: é um livro para os que são confiantes nas suas habilidades profissionais, pois num cenário de estabilidade macroeconômica é possível planejar a carreira e, inclusive, decidir sobre quanto se pretende ganhar no futuro. É um livro para pessoas que acreditam que podem fazer o futuro, e não que o mesmo é cheio de incertezas e eventos ruins.

Num país com a história recente do Brasil — há uma geração atrás declarávamos moratória da dívida externa, confiscávamos poupança e tínhamos um processo de quase hiperinflação — a ideia de planejamento de carreira de longo prazo parece um ideal inatingível. Contudo, nos últimos 10 anos, um Brasil no qual a estabilidade é a norma e podemos, finalmente, tomar decisões sobre o futuro sem o nível de incerteza que impossibilitava escolhas que envolviam qualquer prazo.

Hoje, podemos fazer todo tipo de escolha de carreiras e temos alguma previsibilidade sobre renda futura, nível de escolaridade e grau de esforço. Podemos escolher ser professores primários em escolas públicas e ensinar as novas gerações, e sabemos que, nesse caso, nossa renda futura não será muito alta; ou então, podemos traçar uma carreira executiva a nível internacional, na qual trabalharemos muitas horas e teremos que nos manter atualizados, porém, com um retorno financeiro mais alto.

Vivemos numa época na qual existe uma certeza maior sobre a relação entre capacidade individual, formação e perspectivas de carreira. É claro que essa relação ainda pode ser quebrada por questões externas, como um mercado de trabalho fraco, mas, comparando-se ao passado, quando era impossível entender as perspectivas do mercado de trabalho no médio prazo, é possível mapear uma carreira na qual se otimiza a qualificação e as vontades do indivíduo.

Esse livro é escrito para as pessoas que querem se planejar financeiramente, mas não possuem todos os conhecimentos necessários para isso, porém, mais que isso, têm curiosidade intelectual para tomar decisões bem fundamentadas, e não baseadas somente na insegurança, o que era muito comum no passado. Aqui temos a premissa de que podemos planejar, razoavelmente, nosso padrão de renda e de gastos ao longo da vida, e que temos como grande objetivo aproveitá-la.

A maioria dos livros de finanças pessoais tem como premissa básica a busca pela segurança e o adiamento da decisão de aproveitar a vida, com a ideia de que é mais importante a riqueza futura que a presente. Aqui, a ideia é mostrar opções para que possamos aproveitar a vida sempre, mesmo que isso signifique um pouco mais de risco e menor segurança futura. Isso não quer dizer que não se possa tomar decisões que busquem primordialmente a segurança, mas sim que essa decisão tem que ser racional, pesando-se os custos e benefícios de cada opção de poupança, que vamos descrever. No meio do caminho vamos analisar as principais decisões que tomamos em relação à poupança, desde a compra da casa própria, até a relação com o endividamento.

Este não é um livro para empreendedores muito ambiciosos. E por que não? O livro parte de duas premissas: a de que é possível planejar a renda e o padrão de gastos futuros, e que o importante é aproveitar a vida. Uma das primeiras perguntas que faço em uma sala de aula é: quem quer ficar rico? Normalmente, 80 a 90% dos participantes levantam a mão, seja a aula numa empresa privada, numa faculdade ou numa instituição pública. A ideia de ficar rico é bastante sedutora, mas, então, pergunto: quem sabe ficar rico? Poucos sabem a resposta, que não é tão difícil assim: para ficar rico de verdade e ter dinheiro suficiente para todas as maiores excentricidades da vida basta correr riscos, que é a alma do empreendedorismo.

Um novo empresário coloca tudo que tem numa nova empresa, todo seu tempo e energia e, na maioria das vezes, todas as suas economias. O resultado é que ele/ela assume os riscos de perder tudo, mas, também, o bônus de conseguir ficar rico, se der tudo certo. Como assumir esse tipo de riscos não é para qualquer um, pois, naturalmente, somos avessos a riscos, quando pergunto de novo quem ainda quer ficar rico, sobram normalmente um ou dois participantes, aqueles que realmente estão dispostos a arriscar tudo pelo sucesso.

Realmente, se o objetivo é ficar rico e obter todos os benefícios do sucesso empresarial, o ideal de planejamento financeiro não é o apresentado neste livro. Para muitos empreendedores (mas não todos), o sucesso é o fim em si próprio, o que, embora compreensível, vai de encontro com uma das premissas principais dessa obra: a de que o dinheiro deve servir ao propósito de aproveitar a vida, e não o contrário. Recordo-me de uma palestra muito interessante de André Esteves, um dos sócios do BTG Pactual, que, num congresso, explicou que não era muito bom em gastar dinheiro, mas sim em fazê-lo.

Como um dos mais inteligentes banqueiros brasileiros, ele com certeza tem um dos melhores "tinos" comerciais do país e uma fortuna que o permite tomar qualquer atitude financeira que desejar.

O fato de que continua gerenciando sua empresa mostra seu orgulho pelo que faz e no valor que gera para si próprio, seus acionistas e a sociedade e, ainda, o quanto o sucesso é importante para ele,

Uma das melhores características da sociedade moderna é poder conviver com a diferença de opiniões. Esse livro não é adequado para todos os perfis de indivíduos, e nem se pretende a tanto. O objetivo é apresentar opções racionais para que as pessoas possam tomar decisões financeiras, estando bem informadas dos riscos e oportunidades, relacionados aos produtos financeiros e suas opções de poupança de longo prazo.

Como tomamos decisões erradas, um exemplo

A estratégia do preço médio

Uma propalada estratégia no mercado de ações é a estratégia do preço médio. À primeira vista, parece fazer bastante sentido: se eu comprar uma ação e ela cair, ao comprar uma quantidade maior, isso significa que estou diminuindo o preço médio de compra. Assim, o preço precisa se recuperar menos para que eu tenha lucro.

Um simples exemplo: um investidor comprou 1.000 ações de uma empresa de petróleo por R$10,00, gastando R$10.000,00. Dois meses depois, as ações caíram para R$5,00. Ao comprar mais 1.000 ações a R$5,00, gastando mais cinco mil reais, o investidor diminui seu preço médio para R$7,50. No total, ele gastou R$15.000,00 por 2.000 ações da empresa, ao preço médio de R$7,50. Assim, a ação deve subir somente 50%, passando de R$5,00 para R$10,00, para que ele recupere seu dinheiro. Se ele não tivesse comprado as 1.000 ações adicionais, o preço da ação teria que subir 100%, de R$5,00 para R$10,00, para que ele/ela ficasse no zero a zero. Parece fazer todo sentido, certo? Errado!

Se o preço da ação caiu de R$10,00 para R$5,00 é porque o mercado agora acredita que a empresa vale a metade do que valia quando o preço era de R$10,00. Isso significa que não há nenhuma garantia de que o preço vai voltar a R$7,50 ou a R$10,00.

A estratégia de preço médio não é racional, é baseada numa esperança de que o preço da ação volte ao seu patamar do passado. Mais uma vez, é uma decisão baseada num erro do passado — comprou-se uma ação sobrevalorizada, e, se o preço era de R$10,00, em algum momento ele deve voltar a ser R$10,00 no futuro, certo? Infelizmente, não é assim que o mercado de capitais funciona. Não há nenhuma garantia de que o preço vá voltar a ser R$7,50, R$10,00 ou qualquer outro valor.

Decisões passadas não importam mais. Fez um mal negócio no passado? Paciência. Tentar consertar isso aumentando suas apostas numa decisão econômica errada, significa aumentar o erro exponencialmente. A pior coisa que se pode fazer é jogar dinheiro novo em dinheiro podre. É muito difícil abandonar um investimento mal feito, mas a decisão correta, no mundo financeiro, é tomar a melhor decisão presente, olhando as possibilidades futuras.

Qual seria a decisão correta nesse caso, então? Analisar a possibilidade da ação em voltar ao preço de R$10,00. Vamos imaginar que essa possibilidade fosse pequena. Nesse caso, o investidor deveria vender suas ações ao preço de R$5,00 e apostar numa outra ação que tivesse uma possibilidade maior de ganho. Se o investidor quer recuperar seu prejuízo, tem que encarar sua decisão como se fosse independente do erro passado. Antes, ele tinha R$10.000,00 para investir, e agora tem R$5.000,00. Colocar mais dinheiro não vai tornar sua decisão mais acertada, mas tomar a decisão correta é o que importa, independentemente da quantia. Ou seja, não importa quanto se vá investir, mas sim se a decisão é correta. Nesse caso, após uma perda significativa, a decisão ideal é reavaliar a carteira para ver se há possibilidades de investimentos alternativos, que possam gerar maior retorno.

Sabe aquela ideia de que só é prejuízo quando ele é realizado? Esqueça! O mercado financeiro trabalha, sabiamente, com algo chamado marcação a mercado. O valor de uma carteira de investimentos é reavaliada diariamente para saber quanto ela vale naquele dia e por quanto ela pode ser liquidada. No momento em que o preço de uma ação na sua carteira cai, você teve prejuízo. Essa é a vida. É a mesma coisa quando o preço de uma ação aumenta. Não importa se o lucro foi realizado, ele está lá.

CAPÍTULO 1 — A VIDA FINANCEIRA IDEAL

Uma das perguntas básicas que se deve fazer para entender finanças pessoais é: qual o padrão para uma vida financeira ideal? A resposta para essa pergunta depende de três fatores: padrão de renda, de gastos e grau de aversão ao risco. A ideia principal desse capítulo é que um indivíduo deve viver bem durante toda a sua vida, o que é diferente da maioria dos livros de finanças, que valorizam somente a ideia de poupar e, portanto, encaram o acúmulo de renda como um fim em si mesmo, em vez de um meio para que uma pessoa tenha tranquilidade durante toda a vida.

Mas o que significa viver bem, sempre? Normalmente, ouvimos falar que temos que viver de acordo com nossas posses. Isso significa que se ganhamos pouco, devemos gastar pouco, e que se nossa renda aumenta, podemos, então, usufruir disso, ao gastar mais. Contudo, isso não faz muito sentido, pois significa que teríamos que viver mal durante as épocas de vacas magras, somente podendo ter um melhor padrão de vida quando ganhássemos o suficiente.

Mas será que é possível viver bem durante toda a vida? A resposta é que dependendo de como se estrutura a vida financeira a longo prazo, é, sim, possível, mas isso requer planejamento financeiro, confiança na capacidade individual e alguma sorte, pois eventos extremamente raros podem afetar todo e qualquer planejamento.

Se aplicarmos a visão a ser descrita nesse capítulo à nossa vida financeira, podemos começar a traçar nossa estratégia de finanças de longo prazo. A primeira pergunta é: quando devemos começar a poupar e quando devemos começar o período de desinvestimento? Se fosse possível planejar com perfeição uma vida financeira ideal, poderíamos adequar a poupança ao padrão de vida de longo prazo e, portanto, o padrão de gastos deveria seguir o padrão abaixo, que seria o de uma constante de gastos ao longo de toda a vida.

Padrão de Gastos (em valores reais)

[Gráfico de barras mostrando valores constantes de aproximadamente 7000 nas fases: Juventude, Adolescência, Vida Adulta, Terceira Idade]

Gráfico 1: Padrão de consumo ideal de longo prazo

Neste gráfico, um indivíduo tem um padrão constante de gastos ao longo da vida, sem nenhuma alteração, desde a juventude até a terceira idade. Mas como é possível ter alto padrão de gastos durante a juventude, já que o trabalho infantil é proibido e, mesmo assim, nenhum jovem seria capaz de ganhar o suficiente para manter um bom padrão de vida? Nesse caso, fazemos dívidas.

Normalmente, a grande fonte de recursos na fase inicial da vida são os pais e familiares próximos. Essa é a melhor fonte de recursos possível, pois não cobra juros e empresta a fundo perdido. Contudo, à medida que entramos no mercado de trabalho, embora continuemos a utilizar esse tipo de fonte, as coisas começam a mudar. No Brasil, existe uma tendência a tentar utilizar a poupança dos pais enquanto isso for possível, mas a situação não é a mesmo em todos os países do mundo. Por exemplo, nos Estados Unidos, muitos jovens que anseiam por uma carreira em uma boa faculdade, mas não têm renda para isso, procuram o crédito estudantil como forma de permitir acesso às mensalidades, que muitas vezes ultrapassam R$4.000,00 a R$5.000,00. Além disso, os empréstimos estudantis também cobrem aluguéis nos prédios estudantis, além de diversas despesas, como livros e alimentação.

No caso dos empréstimos estudantis, um indivíduo investe o dinheiro do empréstimo na sua educação, confiante de que no futuro o aumento na sua renda compensará os juros desse empréstimo e, portanto, ele pode usufruir de uma renda no presente, a ser gasta durante a universidade, de que não possui. A grande questão está na autoconfiança no sucesso: ao conseguir o diploma, o ex-estudante começa sua vida profissional com uma dívida vultuosa, que deverá ser paga durante anos. Isso é tão comum no mercado norte-americano, que em 2012 o total do endividamento estudantil ultrapassou a soma de 1 trilhão de dólares, quase 50% de todo o PIB brasileiro.

Esse obviamente é o grande exemplo de uma boa dívida, pois pega-se um empréstimo para se investir em qualificação, com retorno em maiores salários futuros. Contudo, dívidas de longo prazo, que podem ser pagas pelo aumento de renda futuro, normalmente poderiam funcionar como uma forma de aumentar o padrão de vida presente. Nesse caso se encaixa a compra da casa própria, de um automóvel ou uma prestação a ser paga em dezenas de vezes.

A grande questão é o preço da antecipação de consumo: no Brasil, a taxa de juros ao consumidor é muito alta, e, portanto, é difícil antecipar o consumo, de forma compatível com um aumento de renda futuro. Nos EUA, o problema é o inverso: o crédito muito fácil tornou tão atraente a antecipação de consumo, que pessoas que não estavam preparadas para isso, assumiram compromissos financeiros que não foram capazes de pagar — os chamados empréstimos subprime — e ajudaram a causar a crise financeira que se iniciou em 2007.

Em um mundo financeiro ideal, as pessoas conseguiriam assumir compromissos financeiros de longo prazo de acordo com suas perspectivas de renda e seus perfis de risco. Isso é difícil de ser feito no Brasil pela falta de crédito de longo prazo ao consumidor, que, quando existe, como no caso da compra da casa própria, é caro. Contudo, isso não impede que o modelo ideal seja compreendido, pois à medida que as instituições brasileiras avançarem, será mais fácil conseguir crédito de longo prazo, e, portanto, montar estratégias financeiras que utilizam o padrão de gastos permanente como forma de determinar escolhas de dívidas ou poupança.

Um dos pontos importantes ao se definir o padrão de gastos é decidir qual o padrão adequado às expectativas futuras de renda. Mas, qual o padrão de renda permanente de um indivíduo?

Padrão de renda

O padrão de renda de um indivíduo ao longo de sua vida segue, em média, uma curva bem definida. Todos nós nascemos sem nenhuma preocupação com dinheiro, e isso vai aumentando à medida que entendemos que nossa sociedade é movida, em grande parte, pelo acúmulo de capital. Ao entramos no mercado de trabalho, nossa renda cresce, até atingirmos o pico de produtividade, que normalmente varia de 35 a 55 anos.

Após esse período, nossa produtividade tende a cair até atingirmos a aposentadoria, que, para efeitos ilustrativos, chegaria aos 65 anos. Um gráfico simples que representaria essa trajetória mostra como esse padrão vai mudando ao longo da vida de um indivíduo. Obviamente, essa é uma simplificação, e o grande problema é que não sabemos, quando começamos a trabalhar, qual nosso pico de renda, ou mesmo se esse será o nosso padrão ao longo de toda a vida.

Quando estávamos no colégio, um colega de infância revelou-me que seu sonho era ter uma coleção de quadrinhos, e sonhava em poder fazer uma compra de 100 dólares em uma loja americana que tinha anúncios nas páginas dos poucos quadrinhos importados que conseguíamos comprar, em meados da década de 1980. À essa época, 100 dólares era uma quantia inimaginável, pois vivíamos de mesada e tínhamos muito pouca renda disponível (uma das minhas mais infames táticas para aumentar essa renda era pedir dinheiro para vários membros diferentes da família para cortar o cabelo, e, no final das contas, acabar deixando o cabelo crescer mais uns meses). Obviamente, hoje meu amigo tem renda disponível suficiente para comprar uma infinidade de *comics*, e sua renda disponível é centenas de vezes maior àquela da sua versão adolescente.

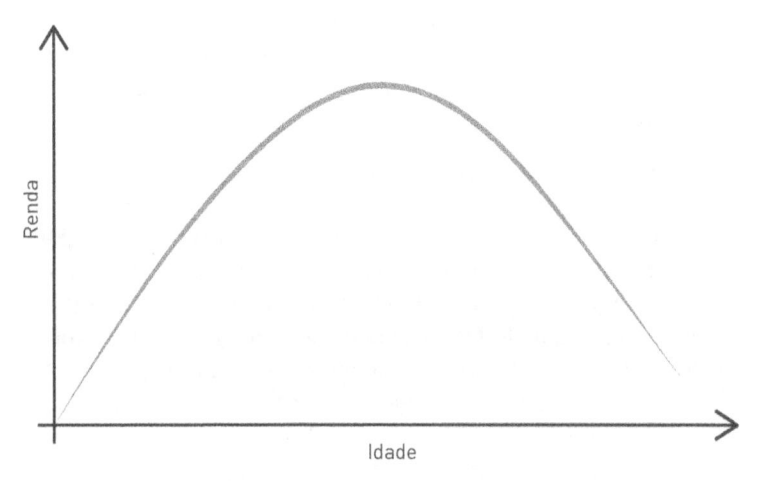

Gráfico 2: Padrão de renda de um indivíduo ao longo do tempo

Se olharmos a curva de renda disponível ao longo da vida, na figura acima, podemos ver que, além do formato, o que importa é qual o tamanho do pico de renda. Não sabemos de fato o quanto vamos ganhar no futuro, e, por isso, podemos cometer dois erros típicos de estimativa de renda futura: subestimar e superestimar nossos ganhos futuros. Normalmente, ficaríamos felizes de subestimar a renda futura, e teríamos medo de superestimá-la, mas, em ambos os casos, estaríamos cometendo um erro, pois ao subestimar nossa renda futura, duas coisas costumam acontecer: poupamos cedo demais e poupamos muito.

Tenho dois parentes que começaram a poupar no momento em que passaram a ter renda disponível própria: ambos começaram a estagiar numa empresa de tecnologia aos 16 anos e foram efetivados aos 18. A primeira providência de cada um deles foi comprar uma casa própria, o que parece bem sensato, segundo a maioria das pessoas. Contudo, será que realmente valeu a pena?

Em ambos os casos, para comprar um apartamento com o salário de um funcionário em início de carreira, isso significou apartamentos pequenos em lugares afastados (num dos casos isso significava um deslocamento diário de mais de uma hora em cada direção), pequenos e mal mobiliados. Na verdade, eles viviam aquém da sua renda, pois a necessidade de ter uma casa própria era maior do que o conforto que poderia ser conseguido alugando-se uma moradia.

À época, o salário de cada um era de cerca de R$3.000,00 e cada um gastava pelo menos R$1.500,00 com a prestação da casa própria, sem contar o esforço para ter dinheiro suficiente para uma entrada de 10% do valor do imóvel e do comprometimento da renda com as prestações intermediárias anuais. Por um valor menor, em torno de R$600,00, era possível alugar um apartamento com pelo menos o dobro do tamanho e muito melhor localizado. Claro que a maioria das pessoas responderia: mas pelo menos a prestação é da casa própria! Contudo, hoje, cada um deles é muito bem sucedido, um trabalhando com o CIO (Chief Information Officer) de uma multinacional na Inglaterra, enquanto o outro é consultor sênior de outra grande empresa, em Portugal.

Durante grande parte da sua juventude, dos 18 aos 24 anos, eles se sacrificaram pelo sonho da casa própria. Contudo, hoje ambos têm uma renda que lhes permitiria comprar os mesmos apartamentos sem qualquer sacrifício, e todo o patrimônio que fizeram durante o período dos 18 aos 24 anos representa muito pouco do total acumulado, após essa fase.

Eles não cometeram qualquer erro grave, mas subestimaram sua capacidade de geração de renda futura. Com isso, se sacrificaram sobremaneira numa época em que podiam ter usufruído bastante de salários que, comparados com as suas idades, eram bem razoáveis. Em alguns momentos deixaram de viajar, comprar roupas melhores ou ir a bons restaurantes, pois a renda disponível era pequena após o pagamento de todas as obrigações mensais, sendo a prestação a maior delas.

A figura mostra o comportamento da renda ao longo do tempo, mas é importante notar que renda não é a mesma coisa que patrimônio. Ao longo da vida financeira ideal, as duas curvas, de renda e patrimônio, são bem diferentes. Na verdade, no final da vida, não há mais renda de trabalho e aquela recebida vêm do patrimônio acumulado (aposentadoria, previdência complementar, aluguéis de imóveis, juros de ativos financeiros). Uma das confusões mais comuns é entre esses dois conceitos, e, aqui, definimos renda como aquela derivada do trabalho ou de ativos financeiros, e o patrimônio como o estoque resultado do processo de acumulação ao longo do tempo.

Um dos grandes problemas no planejamento de longo prazo é estimar a curva de renda permanente. Subestimar isso significa que qualquer sacrifício de poupança pode ser desprezível no longo prazo. Superestimar, por sua vez, resulta em outra praga da sociedade moderna: o superendividamento. Esse caso, muito comum nos EUA, já começa a atingir a sociedade brasileira. O superendividamento é caracterizado por um descompasso entre a renda do indivíduo e a capacidade de pagamento das dívidas.

Existe uma diferença importante entre o padrão de superendividamento no Brasil e nos EUA: enquanto no Brasil a bola de neve de endividamento é causada pelos altíssimos juros das dívidas acessíveis à população (como cartão de crédito e cheque especial, por exemplo), nos EUA, essa bola de neve é causada principalmente pelo acesso a diferentes tipos de crédito, que no começo são baratos, mas caso haja inadimplência, começam a ficar mais caros.

No Brasil, o superendividamento é um problema para muitas famílias, e não é fácil lidar com ele, já que qualquer solução envolve sacrifícios. Contudo, as dívidas que causam o superendividamento dos brasileiros são, normalmente, de curto prazo, e podem ser resolvidas com renegociação junto às instituições financeiras. Como estamos preocupados com decisões financeiras de longo prazo, o maior problema em superestimar a renda não é o endividamento de curto prazo, que normalmente é solucionado com a renegociação ou alguma renda extra — são muitas as matérias jornalísticas de final de ano mostrando como o décimo-terceiro salário deve ser utilizado para acabar com as dívidas, por exemplo.

O problema de longo prazo em superestimar a renda futura não é necessariamente o cartão de crédito ou o cheque especial, que devem ser resolvidos o mais rapidamente possível — os juros estratosféricos não permitem qualquer utilização racional dessas dívidas para um planejamento inteligente de longo prazo. O pior resultado de superestimar a renda futura é não ter uma poupança adequada para o período de despoupança, que aqui definimos como a necessidade de uma poupança para uma velhice tranquila. Aproveitar a vida significa, na premissa aqui assumida, que em algum momento podemos parar de trabalhar para aproveitar a velhice e, para isso, deve haver um patrimônio que deve ser dilapidado, pois a renda auferida no último período da vida, normalmente é menor que o padrão de gastos, segundo nosso modelo de renda permanente.

Os três períodos do ciclo de vida financeira ideal

O ciclo financeiro ideal do indivíduo é composto de três períodos: um período no qual há mais gastos que ganhos e, portanto, deve-se fazer dívidas (sim, essa noção é estranha para muitas pessoas, e voltaremos a esse ponto mais adiante), aquele no qual o aumento da renda faz com que seja possível a acumulação de recursos e, por fim, o período no qual deve haver o aproveitamento dos recursos acumulados através de gastos maiores que a renda. Esse ciclo é bastante comum em diversos países, mas, no Brasil, ainda existe uma forte tendência a se considerar que somente poupar importa, que dívidas são ruins e que todo o dinheiro acumulado deve ser entregue às gerações futuras. Existe uma grande busca por segurança ao mesmo tempo em que a sociedade brasileira se ressente de falta de crédito (e do seu custo, pois, afinal, temos a maior taxa de juros ao consumidor do mundo).

Não é preciso uma análise psicológica profunda para saber que a principal razão para a aversão da população brasileira ao risco vem do longo período de caos econômico que o Brasil experimentou, e que deixou como rastro uma sociedade em que não era possível fazer qualquer tipo de planejamento de longo prazo. Afinal, como fazer planejamento quando a inflação chega a 2000% ao ano, existe a possibilidade de confisco de poupança, não há certeza sobre empregabilidade, renda ou gastos e não há mecanismos financeiros que permitam poupança de longo prazo?

Somente a partir de 1994, com o Plano Real, os brasileiros puderam começar a conviver com uma certa estabilidade, que passou a permitir a construção de estratégias de poupança de longo prazo. Mesmo assim, diversos períodos de forte incerteza, como a crise da Ásia, a desvalorização do real em 1999, a explosão do dólar em 2001 e 2002 (chegando a R$3,99 em 2002), entre outros fatores, tornaram frágil a noção de segurança no país e, portanto, difíceis as decisões de planejamento financeiro de longo prazo.

Contudo, hoje o Brasil experimenta uma estabilidade que permite as pessoas pensarem em planejamentos de longo prazo. Mesmo assim, o maior foco da maioria das estratégias de poupança continua a ser a acumulação de recursos e, de preferência, "o mais cedo possível", segundo a maior parte dos especialistas. O nosso foco aqui, contudo, é numa estratégia sustentável de longo prazo, que ignora a ideia de que "quanto mais cedo melhor", porque, afinal, poupar é um sacrifício, e, como qualquer sacrifício, somente deve ser encarado quando inescapável.

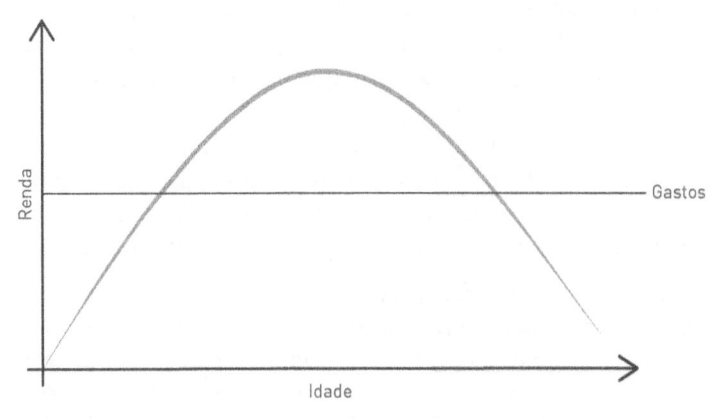

Gráfico 3: Representação de um modelo ideal de finanças pessoais de longo prazo

O gráfico acima mostra o que seria a vida financeira ideal de uma família. Ela viveria com o mesmo padrão durante toda a vida e seu padrão de gastos deve ser menor que o pico de renda. Caso seguíssemos o modelo normal do ditado popular, de que devemos viver de acordo com nossos meios, teríamos o seguinte gráfico.

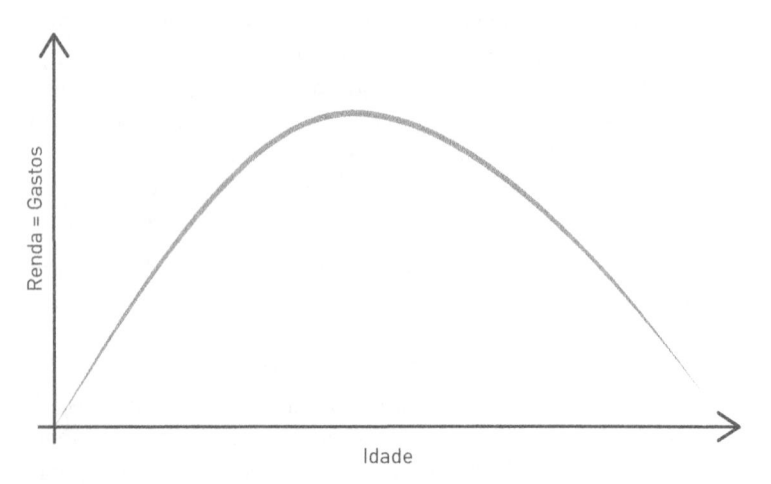

Gráfico 4: A estratégia de gastar o que se ganha

Se seguirmos esse gráfico, vamos ter um pico de rendas e gastos, mas, no final da vida e no início, viveríamos com pouca renda. Como a ideia é viver bem sempre, viver de acordo com as nossas posses correntes pode ser uma estratégia que nos deixará com um baixo padrão no início e no final da nossa existência, e, no primeiro caso, viver abaixo dos nossos meios significa desperdiçar uma época na qual temos muita energia para aproveitar a vida, enquanto na terceira idade não teríamos recursos para uma velhice segura.

Na verdade, a perspectiva da família brasileira média é ter um excesso de poupança, e viver abaixo das suas posses durante toda a sua vida, com aumento de patrimônio que vai ser deixado a herdeiros. Como observamos na introdução, muitas vezes a estratégia familiar é de acúmulo perpétuo de patrimônio, com baixo grau de utilização. Essa estratégia, chamada *rent-seeking*, somente funciona na prática quando o patrimônio é grande o suficiente para que seu rendimento possa sustentar todas as gerações da família. Como esse não é o caso da maioria das famílias brasileiras, somente iremos tratar disso mais a frente, pois esse caso é virtualmente igual ao de se ganhar na loteria.

A estratégia financeira ideal, então, apresenta três momentos: no primeiro, se ganha menos do que se gasta, no segundo, a renda é maior que as despesas e, no final, volta-se a gastar acima da renda, pelo desinvestimento do patrimônio acumulado.

Edgar e Isolda — O casal DINK

DINK é uma sigla urbana em inglês que significa "Double Income No Kids", ou seja, Dupla Renda sem Filhos.

Eduardo e Isabel estão casados há 20 anos. As pessoas estão tão acostumadas com sua feliz tranquilidade que, se um dia eles anunciarem o divórcio, seus amigos vão assumir que o dia do Juízo Final estará bem próximo. Ambos são professores universitários — Eduardo trabalhando numa universidade privada, enquanto Isabel trabalha numa universidade pública. Além da renda advinda do trabalho, Isabel tem uma pensão vitalícia, de valor significativo.

Ambos vivem bem a vida, que, no caso deles, significa viajar, comer em bons restaurantes e comprar os mais recentes gadgets tecnológicos. Do ponto de vista financeiro, não tem qualquer problema, e podem adquirir tudo que precisam sem se preocupar em usar sua poupança.

A única questão é que eles subestimaram sua capacidade de geração de renda e, agora, têm um problema que muitas pessoas desejariam: têm poupança demais. Embora o padrão de vida deles seja bastante elevado, e, portanto, eles gastem bastante dinheiro com o consumo de bens supérfluos, sua renda conjunta é suficiente para bancar esses gastos, e como eles ainda têm patrimônio (herdado e construído através de poupança passada), continuam acumulando recursos.

Embora hoje eles estejam bem, isso teve um custo. Quem o pagou? Eles mesmos, no passado. Afinal, contam várias histórias de privações, refeições ruins, oportunidades perdidas, que poderiam ter tido se tivessem tido um padrão de poupança diferente.

CAPÍTULO 2 — OS PERÍODOS FINANCEIROS

Vimos no capítulo anterior que se pudermos prever de forma perfeita nossa renda no longo prazo, temos como otimizar nossas decisões de consumo e nunca passar por necessidades. Esse é um conceito muito estranho no Brasil, um país pobre, mesmo hoje, no qual o sucesso é sempre fruto de muitos sacrifícios.

Contudo, para uma geração de pessoas que está chegando ao mercado de trabalho, é finalmente possível pensarmos numa situação de estabilidade de longo prazo que diminua, e até elimine, o sacrifício da poupança, em prol de um padrão de vida adequado. Se pudermos ter confiança no futuro e imaginarmos uma carreira razoavelmente bem sucedida, podemos, então, nos planejar para os três períodos da nossa vida financeira.

1º Período — Porque fazer dívidas é bom

Sempre que começo uma aula ou palestra com a frase "dívida é bom!", tenho certeza de que passarei pelo menos uma hora discutindo o assunto, seja com empresários, gestores ou alunos. Mesmo alguns empresários brasileiros se orgulham de conseguirem fazer a empresa crescer, sem se endividar. Embora aqui estejamos nos preocupando com finanças pessoais, a ideia de muitos empresários de que a empresa deve ter poucas dívidas está errada.

Toda empresa apresenta uma série de dívidas para que possa sobreviver, seja com funcionários (salários devidos), fornecedores, bancos e com o próprio empreendedor, pois nasce, normalmente, com capital do próprio empresário(a). A palavra dívida está normalmente associada a empréstimos bancários que, no Brasil, são caros e com prazo curto. Contudo, a carteira de dívidas de uma empresa é mais ampla, e, para a sobrevivência da empresa é importante que o empresário(a) se preocupe em escolher bem as dívidas que vai contrair para que seu negócio decole.

Tanto empresas quanto famílias podem, e devem, fazer dívidas, se as perspectivas são de ganhos futuros. Para pessoas físicas, contudo, é bastante difícil fazer dívidas de longo prazo e com qualidade no Brasil. São poucos os instrumentos de crédito de prazo igual ou superior a 5 anos, normalmente limitados ao crédito imobiliário, para compra de automóveis e, mais recentemente, crédito estudantil. Fora o crédito para automóveis, com prazo máximo de 60 meses, os outros são escassos e caros, mas, ainda assim, não tão caros quanto os juros do cartão de crédito ou do cheque especial.

Por que os brasileiros adoram o consumo em parcelas? Na nossa economia de crédito escasso e caro, uma das poucas formas de fazer dívidas com crédito farto, é parcelar a compra em 2, 3 ou em até 24 vezes. Claro que, normalmente, há pagamento de juros, explícita ou implicitamente, mas, ainda assim, são juros menores que os do cartão de crédito ou do cheque especial. Na economia brasileira, a compra parcelada é uma das poucas formas que a sociedade tem de fazer dívidas boas, aquelas utilizadas para o consumo, mas que contém juros palatáveis.

O primeiro período da vida, aquele no qual deveriam ser feitas dívidas de longo prazo, normalmente é tolhido pela falta de crédito para pessoas físicas no Brasil (não que para pessoas jurídicas seja diferente, pois uma das maiores barreiras ao empreendedorismo é a falta de profissionalismo dos empresários, que, por isso, não conseguem crédito para criação de empresas).

De qualquer forma, se é possível, nessa fase da vida, na qual se deve fazer dívidas para aproveitar a vida — sejam elas para viagens, cursos de pós-graduação ou mesmo para a compra da TV 6D de 300 polegadas. A juventude é a fase na qual ser prudente significa somente um sacrifício, pois normalmente o montante poupado ao longo desses anos é irrelevante para o patrimônio de longo prazo da família.

CAPÍTULO 2 — OS PERÍODOS FINANCEIROS

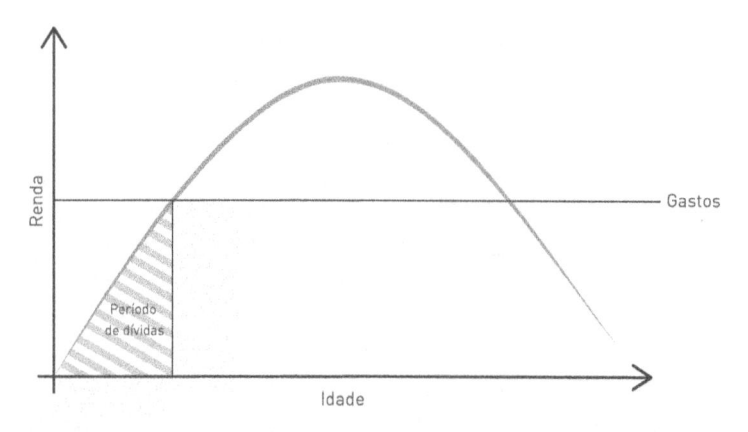

Gráfico 5: O período de endividamento ideal

O gráfico acima mostra o período de dívidas, aquele no qual a renda da família é menor que o padrão de gastos de longo prazo. Exemplo: caso um indivíduo tenha renda de R$80.000,00 anuais, mas seu padrão de gastos for de R$130.000,00, se for possível acumular dívidas de longo prazo, essa é a época certa para fazê-lo, mas somente se no seu planejamento de longo prazo vislumbrar-se um futuro de aumento de renda. Nesse caso, profissionais em início de carreira normalmente experimentam crescentes aumentos anuais de renda, e, muitas vezes, sua renda é multiplicada várias vezes em poucos anos. Quando essa renda iguala seu padrão de renda, contudo, acaba o período de dívidas e começa o de poupança.

Enquanto isso, comprar um carro a prazo, parcelar uma viagem de férias, ou fazer dívidas com crédito consignado não é algo ruim. Enquanto as dívidas forem baratas e passíveis de serem pagas com o aumento de renda, devem ser feitas. O que menos importa, num período de crescimento de renda, é o impacto da dívida na renda corrente, afinal, não podemos acessar créditos fartos que nos tomem parcela significativa da renda: mesmo a parcela do financiamento da compra da casa própria depende da renda corrente. Diferentemente dos EUA, pessoas com pouca capacidade de pagamento dificilmente conseguiriam pegar um empréstimo para comprar um imóvel que não pudessem pagar.

Um exemplo interessante de uma dívida razoável a ser feita no Brasil, é a compra de um carro novo. Embora carros sejam relativamente caros no Brasil, em comparação a outros países, pelo menos aqui conseguimos comprá-los em parcelas que apresentam juros razoáveis — muito maiores do que no resto do mundo, mas, ainda assim, muito menores se comparados às outras opções de dívidas no Brasil. Quem paga o carro parcelado é nossa renda futura, e não presente. Caso estejamos na parte ascendente da curva, é razoável pensar em comprar um carro mais caro do que podemos pagar hoje, se isso nos traz grande utilidade.

A conta é simples: se você gosta de ter um carro grande e possante, por que se contentar com um carro pequeno e pouco confortável? Se a sua renda futura puder pagar, o ideal é consumir algo que lhe deixe feliz, mesmo que deixe a renda disponível muito menor no presente. Enquanto as perspectivas forem boas, vale a pena. Caso o cenário de crescimento de renda futura não se realize, é sempre possível vender o carro e minimizar as perdas.

É claro que dessa forma se perde dinheiro, mas, ao mesmo tempo, há o valor de uso do carro e, quando tomamos decisões arriscadas, devemos estar preparados para cenários desfavoráveis. Nesse caso, o cenário mais provável seria de que poderíamos antecipar o uso de um automóvel melhor do que compraríamos se usássemos somente como base de compra a nossa renda presente, não a renda futura.

2º Período — O período de poupança

Se poupar é um sacrifício, este período deve ser o menor possível, o que parece contraditório, já que a maioria dos livros de finanças pessoais pregam que a cultura de poupança deve começar cedo e durar toda a vida. Essa visão patrimonialista não está errada, mas parte do princípio de que a segurança é o valor fundamental nas decisões financeiras. Já vimos, contudo, que a hipótese primária aqui é que o valor de uso e fluxos constantes devem ser as principais funções das decisões financeiras, inclusive a poupança.

Assim, a segurança seria uma variável que ajuda a moldar as decisões financeiras, mas não é um fim em si mesmo, assim como ficar rico também não seria o objetivo final de uma vida financeira ideal. O período de poupança deve estar restrito à fase da vida na qual se atinge o pico da renda. Na verdade, o próprio período de poupança pode ser dividido em dois: um no qual se poupa para pagar as dívidas do período anterior e outro no qual se poupa para uma velhice segura.

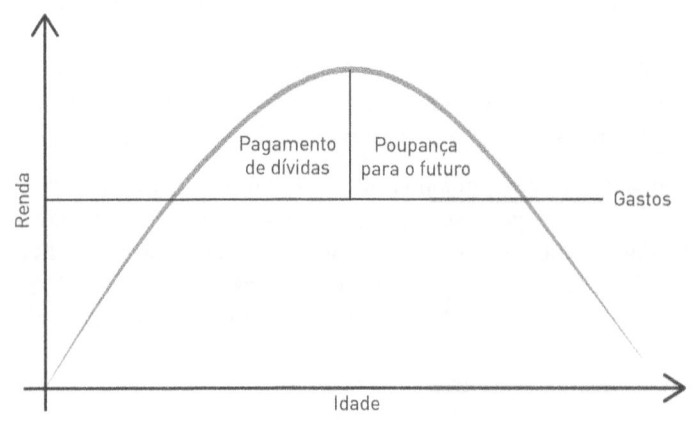

Gráfico 6: O período de acumulação

O gráfico acima mostra exatamente os dois estágios: no primeiro, devem ser pagas as dívidas feitas no primeiro período, enquanto no segundo, seria feita a poupança para a aposentadoria. É importante observar que durante todo esse tempo, continua-se vivendo bem, com o mesmo padrão de vida do primeiro período, se foi possível fazer dívidas de longo prazo, anteriormente.

Numa sociedade na qual dívidas de longo prazo são difíceis de serem feitas, como no caso brasileiro, essa etapa de aumento de renda normalmente chega quando não se há muitas dívidas deste tipo a serem pagas. O comportamento normal das famílias brasileiras é adequar a renda aos gastos e, portanto, há uma melhora no padrão de vida. O problema da estratégia de gastar-se o que ganha, é que ela é bastante tentadora durante o período de pico de renda, mas torna-se um problema quando há qualquer diminuição nos ganhos familiares.

Quando acontece esse período de pico de renda? Normalmente, o aumento de renda depende da produtividade e oportunidades de carreira, o que acontece durante o período de 35 a 55 anos. É claro que isso pode se estender dependendo da carreira e do indivíduo, mas, em média, antes dos 35 a carreira está em construção e, depois dos 55 anos, décadas de trabalho tornam a produtividade menor no futuro. Assim, diferente da maioria das dicas de especialista que pregam que devemos poupar o mais cedo possível, se seguimos uma teoria mais racional, o processo de poupança somente vai começar a partir dos 35 anos de idade, ou um pouco mais cedo, dependendo do perfil de cada pessoa.

Ainda assim, essa poupança só vai se transformar em patrimônio mais a frente, pois, no primeiro momento, servirá para pagar as dívidas acumuladas do período de juventude, sejam elas dívidas de viagens (um ano passeando em Paris, ou aventurando-se na África podem ser muito interessantes), de imóveis mais caros do que a renda podia pagar ou empréstimos estudantis para aqueles que investiram na carreira mais fortemente.

É importante lembrar que durante esse período de poupança o padrão de vida não muda. Continuamos morando bem, com uma vida tranquila dentro do padrão estabelecido anteriormente. A ideia é que o futuro é bom e que a alta capacidade individual sempre vai permitir ao indivíduo alocar de forma eficiente períodos de produtividade e lazer. Isso parece surreal? Impossível de acontecer? Na verdade, isso soa estranho, porque estamos presos no modelo mental do passado, quando a instabilidade econômica não permitia a ninguém traçar planos de longo prazo, e a economia brasileira apresentava tantas distorções, que era difícil alocar bons empregos a bons profissionais.

Isso tem mudado bastante, e vai se transformar mais ainda no futuro — aqueles profissionais com boa formação em áreas demandadas pelo mercado estão e deverão poder fazer carreira no longo prazo, sem se preocupar com períodos de baixa no ciclo econômico. A incerteza vai existir, mas poderá ser mitigada, em grande parte, pela competência individual, coisa que, mais uma vez, era impossível acontecer num passado recente, no qual era impossível sinalizar aos empregadores as qualidades individuais. A quantidade de ruído nos microprocessos da economia brasileira — dadas as influências perversas dos processos macroeconômicos, como inflação, alta taxa de desemprego, juros estratosféricos e falta de capacidade de planejamento por parte das empresas —, tornavam difíceis o processo de contratação e retenção de bons profissionais.

De fato, a própria ideia de retenção de talentos é extremamente moderna no Brasil, e traz uma grande força para os bons empregados, que estão se dividindo em dois tipos: aqueles que usam a escassez de oferta de bons profissionais (crônica no Brasil) para alavancar suas carreiras e aproveitar para alocar, de forma eficiente, o tempo entre trabalho, carreira e lazer, e aqueles que ainda estão presos no modelo anterior e estão satisfeitos em serem funcionários razoavelmente bem remunerados. Nesse caso, se arriscam pouco, mas também negociam mal com as empresas seus pacotes de remuneração e lazer, tornando-se peças importantes, mas baratas, para as empresas.

No novo modelo mental exposto até aqui, temos que pensar que um bom funcionário é um investimento, e sua importância está na sua capacidade de geração de valor para a empresa. Essa é uma visão totalmente diferente do passado, na qual empregado é igual a custo e, portanto, se ficar caro, deve ser trocado.

3º Período — Desinvestimento

Começamos o capítulo com a ideia de que existe um ciclo financeiro ideal e destilamos esse ciclo para entender qual deve ser, na realidade, o ciclo de gastos e receitas para uma vida financeira tranquila. Para que esse ciclo de acumulação e gastos se complete, é necessário um período de desinvestimento.

Uma das grandes questões sobre o período de desinvestimento é que ele não vem de forma natural para os brasileiros. Nós temos o comportamento acumulador, de pensar nas vacas magras e temer o futuro, que, no Brasil, sempre foi um comportamento

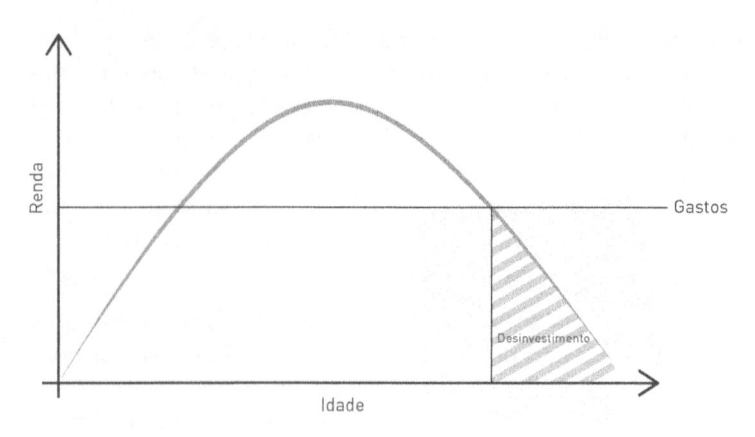

Gráfico 7: O período de desinvestimento

sensato. Contudo, para um planejamento financeiro eficiente, é importante entender que devemos, sim, ter um período de desinvestimento, no qual o patrimônio vai diminuir gradativamente. Se o planejamento for bem feito, podemos escolher o que deixar para a próxima geração e aproveitar o patrimônio adquirido ao longo da vida.

Mas isso não muda o fato de que precisamos, sim, manter um período de desinvestimento. Não faz sentido um projeto de planejamento financeiro com acúmulo permanente. Esse é o modelo do passado. É difícil se desapegar do patrimônio, mas a estratégia ideal é aquela na qual o período de acúmulo é seguido pelo período de desinvestimento. Isso significa vender os imóveis, sacar o principal do patrimônio financeiro acumulado e vender ações para bancar o padrão de vida na velhice. Estranho? Com certeza! Mas a alternativa é viver para o dinheiro, ou seja, para acumular um patrimônio que nunca vamos utilizar.

Quando começa o período de desinvestimento? Quando o patrimônio for adequado para remunerar o padrão de gastos permanente. Existem diferentes estratégias. Alguns empreendedores ou analistas em bancos de investimento minimizam seu tempo de trabalho, atingem rapidamente o pico de renda, poupam durante um breve, mas intenso período, o máximo que podem, e se aposentam aos 38 anos, vivendo do fluxo de caixa gerado através da gestão de um fundo financeiro. Uma forma mais comum é a de estabelecer uma previdência privada que gere um fluxo de caixa no período de aposentadoria.

Menos comum no Brasil, entretanto mais comum no exterior, é vender o patrimônio e viver do fluxo de caixa gerado pela venda. No Brasil, o efeito patrimônio (ver capítulo seguinte) é forte o suficiente para que o amor ao tijolo faça com que a venda do patrimônio seja a última escolha para a maioria das famílias, mesmo no período de desinvestimento. É difícil acertar o patrimônio correto para que possamos viver até o fim da vida e, pela aversão natural das pessoas ao risco, é provável que tenhamos que poupar mais que o necessário, já que é preferível viver mais, com sobra de patrimônio, do se ele faltar.

Assim, como é impossível prever o período correto de desinvestimento, uma família que se planeje de forma eficiente deve colocar uma variável de correção para o período de desinvestimento. Isso pode ser, por exemplo, utilizar o imóvel em que a família mora como *hedge* natural contra um período de desinvestimento maior do que o planejado. Assumindo essa aversão ao risco, teríamos, então, uma estratégia financeira ideal de longo prazo definida por quatro parâmetros: os três períodos — dívida, investimento e desinvestimento, e uma sobrepoupança compatível com o grau de aversão ao risco da família. Ao final do Capítulo 14 determinamos explicitamente como montar essa estratégia.

CAPÍTULO 3 — PATRIMÔNIO E FAMÍLIA

Um dos maiores problemas em executar um bom planejamento financeiro e entender os conceitos de poupança e de desinvestimento da maneira moderna está no fato de que a maioria das pessoas acha que, ao ter filhos, as decisões de poupança devem mudar. Há o pensamento: "Eu posso gastar enquanto for solteiro, mas devo ficar mais conservador quando tiver uma família." Na verdade, esse é o modelo do passado. Com o futuro completamente incerto, era realmente impossível prever o futuro dos nossos filhos. Mas isso mudou.

Hoje é possível planejar um futuro no qual os filhos podem tomar decisões financeiras de longo prazo, assim como nós. Nesse sentido, o ideal é preparar a família para que haja perenidade de fluxo de caixa que sustente as necessidades de todos os membros, mesmo que algo de ruim aconteça. Antigamente isso era feito pelo acúmulo de patrimônio, de preferência o maior possível, para navegar planos econômicos heterodoxos, inflação, confisco, etc. Fluxos eram instáveis e impossíveis de planejar, dada a inflação.

A teoria de renda permanente do ciclo de vida não deve mudar, independentemente do planejamento de 1, 2 ou mesmo de 10 filhos. A única diferença é separar os gastos permanentes em gastos com os indivíduos e com a família. A decomposição desse fluxo de caixa permite visualizar o nível de poupança adequado às necessidades da família, mas sem criar uma superpoupança que sacrifica a vida presente dos pais para um uso potencial dos filhos. Estes deveriam ser capazes de criar sua própria poupança, seguindo o mesmo padrão. São duas as opções para isso.

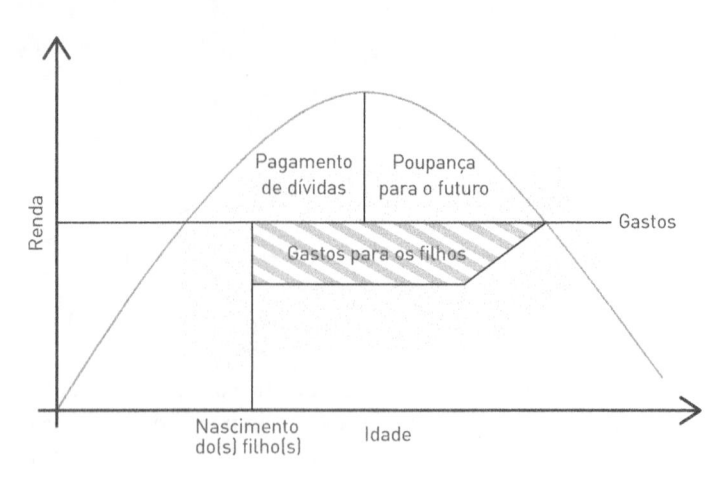

Gráfico 8: Filhos e poupança de longo prazo — gastando menos

A primeira opção: os filhos significam uma perda de renda corrente, mas a estratégia de longo prazo não muda. Essa estratégia é bem conhecida por muitos casais, que veem as contas do mês dispararem com fraldas, comida, roupas, etc, e, depois, com gastos com educação, saúde e muito mais. Não há como educar filhos sem sacrifícios, e a decisão deve ser como financiar esses sacrifícios ao longo do tempo. Ao reduzir o padrão de gastos para financiar o crescimento dos filhos, é importante observar que não há mudança nas decisões de poupança de longo prazo. Isso porque, do contrário, haveria um sacrifício duplo, uma diminuição no padrão de vida e um aumento na poupança.

Se os filhos são um grande benefício na nossa vida, diminuir o impacto deles sobre nosso padrão de vida só torna o processo de criá-los mais prazeroso. No passado, era necessário a preocupação em deixar uma herança aos descendentes. Hoje, essa necessidade é muito menor, porque os filhos podem se planejar para o futuro.

Um exemplo de sacrifício duplo é o de um executivo que é tão avesso ao risco, que queria começar a poupar para seu filho/a, antes do nascimento, com uma estratégia realmente conservadora: ele queria começar um fundo de previdência para que seu filho/a ainda na barriga da mãe. Ao conversar com ele, fiz uma breve conta: se o ano era de 2012 e o filho/a viria a nascer no ano seguinte, o planejamento financeiro que ele queria significaria um plano de previdência para ser resgatado em sua aposentadoria.

Se imaginarmos que seu filho/a fosse se aposentar com 65 anos, como é o padrão hoje, isso significaria que ele começaria a receber a poupança do pai em 2078. Tente imaginar como o mundo será em 2078. Impossível, certo? Há pouco mais de duas décadas o mundo ainda era dividido em capitalismo e comunismo, o Brasil estava preso a um modelo do século XIX e a China era um país rural.

Não há grau de aversão a risco que torne racional uma estratégia de poupança até 2078. No final das contas, o executivo mudou sua estratégia e, na verdade, criou um fundo para que seu filho/a pudesse usar uma quantia razoável para seus estudos ao fazer 18 anos, algo que é bem mais comum no mundo inteiro. Na segunda opção de custear o crescimento da família, o padrão de vida ocorre ao longo da vida, mas aumenta o período de poupança, reduzindo-se os gastos permanentes, não temporários.

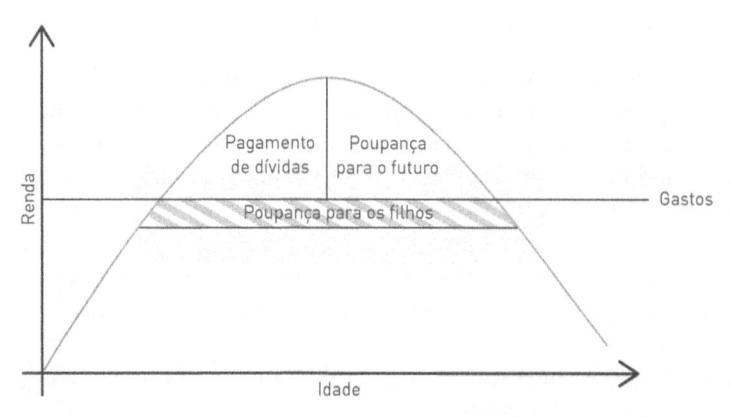

Gráfico 9: Filhos e poupança de longo prazo — estratégia de longo prazo

Esse tipo de estratégia é bem comum em países nos quais é possível decisões financeiras de longo prazo, como nos EUA. Nesse caso, os pais começam a poupar durante muito tempo para fundos familiares, os avós criam poupança para netos não nascidos e os pais criam fundos para financiar matrículas em universidades, que podem chegar a U$100.000 por ano.

Parte dos gastos permanentes passa a ser feito para os filhos, mas o padrão não muda. Claro que ter filhos significa um sacrifício financeiro, mas esse deve ser temporário, não permanente. Além disso, a poupança deve ser direcionada aos pais, para que eles utilizem os fluxos dessa poupança para financiar a vida de seus sucessores. Após esse período, a passagem do bastão de planejamento significa que a próxima geração deve ser capaz de realizar o próprio planejamento financeiro.

Antigamente ficávamos presos à ideia de que deveríamos poupar para a próxima geração. Isso fazia todo sentido num mundo com elevada incerteza, como no período de hiperinflação. No mundo moderno, as novas gerações são mais capazes, melhor educadas e globais. Podemos passar o bastão sem o elevado grau de aversão a risco do passado.

Quando começar a poupar e a gastar?

Se seguirmos as ideias acima, é possível responder à primeira pergunta para o planejamento financeiro de longo prazo: quando começar a poupar? Essa resposta está condicionada a outra: qual o período de poupança ideal para executarmos nosso planejamento de longo prazo (ou seja, que permita bancar um padrão de gastos permanentes condizente com nosso planejamento)? A resposta mais simples é: somente quando nossa renda ultrapassar nosso padrão de gastos permanente. Ou seja, se planejamos ter um padrão de vida de R$20.000,00, somente devemos poupar quando nossa renda suplantar esse valor. Simples. Direto. E completamente contraintuitivo.

Não deveríamos poupar sempre? Não. Poupança é um sacrifício. O ideal é minimizar o período de poupança. Mas como ter certeza do período de renda? Se queremos gastar R$20.000,00 por mês, será que em algum momento a renda familiar vai ultrapassar esse valor? É nesse momento que entra a perspectiva de planejamento. A renda familiar depende, em um país normal, da capacidade de geração de renda da família que, por sua vez, depende do nível de educação formal, profissão escolhida e disponibilidade para o trabalho.

No modelo americano isso está expresso na linguagem: *"make money"*, em tradução literal: faz-se dinheiro. Isso é verdade para a maioria das profissões: podemos fazer dinheiro, se tivermos a combinação de capacidade mais ambição e sorte. Essa é a grande transformação de paradigma: podemos escolher quanto ganhar. É o resultado da escolha da profissão, da nossa capacidade e, também, da sorte.

Nos EUA, o sonho americano (*"american dream"*) diz que a combinação de trabalho duro e perseverança leva qualquer um ao sucesso. Infelizmente, a nova geração de americanos está provando que o sonho americano acabou: milhões de indivíduos bem formados e que trabalham duro basicamente não conseguem alcançar algum estágio que não o da sobrevivência. No Brasil, por sua vez, parece que estamos diante de um "sonho brasileiro" — pela primeira vez em décadas a nova geração vislumbra um futuro melhor que a geração anterior. E isso mesmo, com todas as falhas institucionais que geraram a onda de protestos em 2013.

Antigamente, tínhamos uma atitude passiva em relação à nossa renda permanente. Se tivéssemos emprego, tínhamos renda, e o desemprego era o grande medo. Hoje queremos muito mais. E exatamente porque queremos mais é que o planejamento financeiro de longo prazo deve ser feito de maneira eficiente, para que possamos aproveitar todo o resto sem nos preocuparmos demasiadamente com as questões financeiras.

Definir a data de início da poupança é fundamental para o planejamento de longo prazo. Como nosso objetivo é minimizar o período de poupança, postergar o início faz sentido, mas somente se estivermos no período de crescimento da renda. E é importante ajustar esse início para o grau de aversão ao risco individual. Famílias mais avessas ao risco devem antecipar o período de poupança, enquanto empreendedores e famílias que aceitam a probabilidade de crescimento de renda futura deveriam, nesse caso, adiar o período de poupança.

A ideia de que devemos poupar sempre deve ser abandonada. Realmente vale a pena poupar uma parcela da nossa renda quando ela é pequena e crescente — como, por exemplo, quando entramos no mercado de trabalho? Por último, a poupança depende da nossa renda permanente. Vamos ver adiante que nenhum planejamento é perfeito e que, portanto, deveremos poupar mais ou menos de acordo com as mudanças na nossa perspectiva de geração de renda futura.

Um breve adendo e um comentário de um dos maiores CEOs do século XXI

O comentário foi feito numa reunião sobre a criação de um programa de pesquisa entre diferentes instituições. É sempre interessante conhecer as ideias de executivos de sucesso e, nesse caso, tive a oportunidade de ouvir e conversar com Sam Palmisano, ex-CEO da IBM e multi-milionário. Entre outros assuntos, ele contou sobre sua nova aquisição, um avião que permitia que ele viajasse pelo mundo, que era algo que gostava de fazer com a mulher quando ele era presidente da IBM. Enquanto milionários comuns têm jatinhos, ele contava que sua aquisição, um avião de médio porte, tinha autonomia para que ele viajasse pelo mundo sem se preocupar sobre a distância entre o ponto de partida e o de chegada.

Dentre várias histórias contadas por um dos mais carismáticos e competentes CEOs americanos (a Harvard Business Review chegou a comentar que se houvesse um prêmio Nobel em Administração de Empresas, ele deveria recebê-lo), uma delas envolvia o legado para a próxima geração. Palmisano comentou que o modelo americano era estranho e diferente daqueles de muitos lugares no mundo.

No seu caso, sabia que sua fortuna poderia sustentar sua família durante diversas gerações, ainda mais num país no qual ele poderia montar um *trust fund* com fluxos de caixa perpétuos para seus herdeiros. Contudo, o que ele vislumbrava era como utilizar o patrimônio acumulado para beneficiar a sociedade. Assim como muitas outras fortunas americanas, a dele iria ser dispersa através de doações à sua *alma mater* (faculdade na qual ele se formou), instituições de caridade e centros de pesquisa. Ele, então, comentou que para seus filhos não iria sobrar muita coisa. Ele daria a eles a melhor educação possível, uma rede de contatos preciosíssima e todas as oportunidades que eles pudessem querer. Contudo, se eles realmente quisessem ficar ricos, teriam que trilhar seu próprio caminho.

Nem todos os americanos pensam assim, mas muitos consideram que o futuro é para ser desbravado por indivíduos corajosos e sem medo de arriscar. E querem deixar isso como lição para seus filhos. Assim, o desenvolvimento do capital humano seria o mais importante, sendo desnecessário deixar um patrimônio financeiro exacerbado. Andrew Carnegie, um dos homens mais ricos da história americana, afirmou que morrer rico era uma desgraça ("The man who dies rich dies disgraced"), com a ideia de que deveria devolver, em vida, sua riqueza para a sociedade.

Em 1986, num artigo para a revista Fortune, Warren Buffet, o mais bem sucedido investidor financeiro do mundo, deixou claro que não deixaria herança substancial para seus filhos. Bill Gates, com uma fortuna de dezenas de bilhões de dólares, disse que deve deixar para cada um dos seus filhos U$10 milhões. Existe até um movimento entre os multimilionários, chamado Giving Pledge, que conclama outros multimilionários a devolver à sociedade o fruto do seu sucesso, sem criar dinastias de herdeiros que não precisariam trabalhar. Como afirmou o bilionário Michael Bloomberg, ex-prefeito de Nova York, "o melhor planejamento financeiro é aquele que acaba com um cheque sem fundos para o coveiro".

CAPÍTULO 4 — POR QUE POUPAMOS? UMA BREVE ANÁLISE DA TEORIA DE FINANÇAS

Este capítulo apresenta uma visão um pouco mais técnica do que o anterior, no qual descrevemos uma forma de pensar sobre a renda e o consumo com um foco no futuro, com planejamento e decisões racionais. Embora a apresentação dessa visão envolva matemática, ela é irrelevante para os resultados apresentados, e somente está no texto para que haja coerência entre os conceitos apresentados. É possível ignorar as equações sem perda de conteúdo.

Essa visão não é nova, nem desconhecida. Um dos grandes paradoxos do mundo financeiro é o de que embora seja razoavelmente fácil resumir ideias de finanças, é muito difícil colocar em prática esse conhecimento. Afinal, enquanto algoritmos que fazem milhões de transações por segundo são baseados em modelos estatísticos e matemáticos com regras preestabelecidas, os seres humanos que tomam decisões sobre transações financeiras estão sujeitos a todo tipo de influência sobre o seu processo de tomada de decisão.

Esse cenário é mais complicado quando contemplamos decisões de longo prazo. Não existe melhor forma para mostrar como devem ser tomadas decisões de longo prazo do que a teoria de renda permanente. Ela foi desenvolvida por Modigliani e Brumberg (1954); e Milton Friedman (1957). A ideia é bem simples e está expressa ao longo desse livro: as pessoas têm uma tendência a consumir, de forma intertemporal, de acordo com sua renda permanente, e levando em conta que o consumo deve ser constante ao longo do tempo. Ou seja, com períodos de dívidas e de poupança.

A teoria foi criada não como modelo de comportamento a ser seguido, mas como forma de descrever como deveria ser o comportamento racional de um indivíduo ao longo de sua vida. Por que poupamos? São duas as razões principais: ciclo de vida e precaução. A razão ciclo de vida está relacionada ao fato de que transferimos renda de períodos de alta para períodos de baixa renda, como no capítulo anterior. Ou seja, quando somos novos, ou nos aposentamos, nosso capital é mais baixo se comparado ao período de pico de renda, e, por isso, devemos transferir a renda desse período mais produtivo, para pagar as dívidas da juventude e nos prepararmos para a velhice.

A outra razão é a precaução: acumulamos patrimônio para o caso de problemas com os fluxos de renda: assim, uma complicação com fluxos de renda, como desemprego ou problemas de saúde, não se traduz como problemas de consumo, e as famílias poderiam continuar cobrindo seu padrão de vida com a utilização de patrimônio. No modelo de Friedman, as variáveis que determinam o padrão de consumo permanente são:

Consumo permanente (cp), renda permanente (rp), consumo temporário (ct) e renda temporária. A renda mensurável é a soma da renda permanente e temporária, assim como o consumo mensurável é a soma do consumo permanente e temporário. É claro que a renda permanente é uma projeção da renda do indivíduo, mas não o consumo permanente. Esse vai ser definido de acordo com as expectativas dessa renda permanente, mas não da renda temporária.

Assim:

$C = cp + ct$

$R = rp + rt$

Além dessas variáveis, são definidas: z = variáveis que representam a mudança de gosto do indivíduo e i = taxa de juros.

Assim, pode ser definido $k(z,i)$, que é a propensão média a consumir a renda permanente. O consumo permanente, então, é definido por:

$Cp = k(r,z) rp$

Assim, o plano de consumo da família não depende dos componentes temporários de renda e consumo, mas sim da renda permanente, dos seus gostos e da taxa de juros, que vai adequar o período de poupança aos períodos de dívidas e desinvestimento.

Uma formulação simples do modelo de renda permanente que junta os conceitos do modelo de Friedman com a hipótese de ciclo de vida é apresentado por Pierre-Richard Agenor[2], um renomado economista na área de desenvolvimento humano e econômico. Nesse caso, passamos da família individual para analisar o padrão de consumo de um país.

Se assumirmos perfeita noção do futuro, consumidores idênticos e que vivem por apenas dois períodos, 1 e 2, a restrição orçamentária de uma família no período 1 será dada por:

$F_1 - F_0 = R_1 - T_1 + iF_0 - C_1$, no qual:

F: estoque de ativos financeiros (patrimônio financeiro), $R - T$ renda disponível, já que T são os tributos pagos; i: taxa de juros real, que é constante nos dois períodos.

Assim, se a família já tiver patrimônio (no período 0), poderá gastar parte, ou sua totalidade no período 1. Além disso, seu consumo será também afetado pela sua renda disponível (R - T) e os rendimentos do patrimônio (iF).

Nesse modelo bem simplificado, e sem deixar herança, a restrição orçamentária no período 2 será:

$C_2 = R_2 - T_2 + (1+i)F_1$

Assim, podemos eliminar F1 da primeira equação e chegamos à restrição orçamentária intertemporal:

$$C_1 + \frac{C_2}{1+i} = (1+i)F_0 + (R_1 - T_1) + \frac{R_2 - T_2}{1+i}$$

Como o objetivo das famílias é obter um padrão de consumo estável ($C_1 = C_2$), elas terão que dividir os seus recursos vitalícios igualmente entre os dois períodos. A quantidade consumida por cada família em cada período é igual à sua renda permanente, que deve igualar o valor presente dos recursos da família de acordo com a restrição orçamentária intertemporal. Como a renda per-

---
[2] Agenor, Pierre-Richard & Aizenman, Joshua. 2004. *"Savings and the terms of trade under borrowing constraints,"* Journal of International Economics, Elsevier, vol. 63(2), pages 321–340, July.

manente da família é a soma das rendas nos dois períodos, igualando a mesma à restrição orçamentária intertemporal, significa:

$$R_p + \frac{R_p}{1+i} = (1+r)F_0 + (R_1 - T_1) + \frac{R_2 - T_2}{1+i}$$

E, portanto:

$$R_p = \left(\frac{1+i}{2+i}\right)\left\{(1+i)F_0 + (R_1 - T_1) + \frac{R_2 - T_2}{1+i}\right\}$$

Assim, a poupança (S), no período 1, é a diferença entre a renda disponível e a renda permanente.

$$S_1 = R_1 - C_1 = R_1 - R_p$$

A poupança de uma família dependeria, então, da sua renda permanente, e não do seu nível atual de renda. A renda permanente, por sua vez, depende do nível de patrimônio da família no período zero (maior patrimônio significaria menor poupança, o que é lógico), a taxa de juros (maior taxa de juros significaria maior poupança, pois a renda futura acumularia uma taxa crescente), e a renda futura (estimada pela capacidade de geração de renda do indivíduo, seu capital humano, por exemplo).

Essa poupança é positiva se $R_1 > R_p$, ou seja, se a renda corrente é maior que a renda permanente. Esse é o caso no período de maior produtividade, o que chamamos, no capítulo anterior, do período de poupança. Se $R_1 < R_p$, a família deve endividar-se, ou gastar seu patrimônio — ela deve estar no primeiro período, ou na fase de desinvestimento, como no capítulo anterior.

Por causa do efeito do patrimônio (F0), em países mais ricos e com boa distribuição de renda, a necessidade média de poupança seria menor, enquanto para países mais pobres e com péssima distribuição de renda, o nível de poupança deveria ser maior, pois F0 seria menor, em média, assim como Rp. Além disso, o nível de poupança agregado das famílias dependeria da demografia do país. Países com populações muito velhas, ou muito novas, poupariam menos, já que a maioria estaria ou se endividando ou, então, utilizando-se da poupança acumulada. Países com alto número de pessoas de classe média, no ponto máximo de renda, deveriam apresentar maior nível de poupança.

O gráfico abaixo, com dados da OCDE, do IBGE e dos respectivos institutos de estatística dos países, mostra, em 2013, o nível de poupança das famílias como percentual da renda disponível.

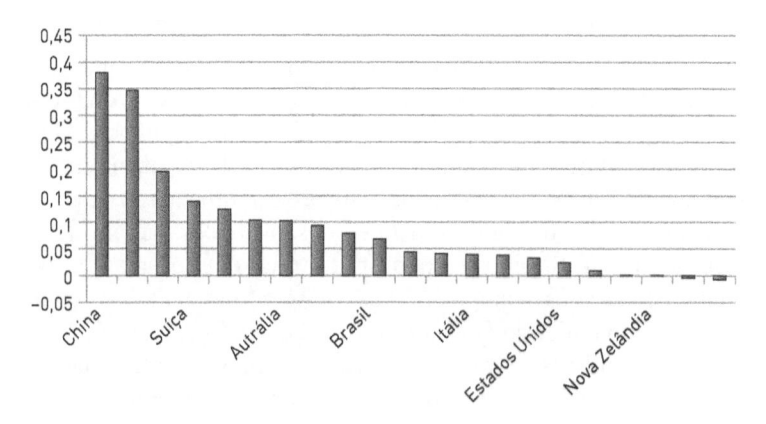

Gráfico 10: Poupança como proporção da renda disponível, 2013

A média da poupança de países desenvolvidos é de 9,7%, enquanto a de países em desenvolvimento é de quase o dobro, 19%. Os dados mais relevantes são da China e Índia, ambos muito acima da média, mesmo dentre os países em desenvolvimento, com 38% e 34,7%, respectivamente. A taxa chinesa é muito acima da média por alguns fatores econômicos e culturais: a distribuição de renda, falta de redes de segurança social, e uma intensa preferência (e crédito farto) por compra de imóveis residenciais. Um artigo excelente sobre os mitos e realidades sobre a taxa de poupança chinesa é o de Guonan Ma and Wang Yi, publicado em 2010.[3]

A China, embora seja um país comunista, não apresenta rede de proteção social que atinja grande parcela da população. Em 2009, segundo a Economist, menos de 30% da população tinha direito a

---
[3] Ma, Guonan, and Wang Yi. *"China's high saving rate: myth and reality"*. International Economics 122 (2010): 5-39.

algum tipo de aposentadoria com recursos públicos.[4] Ou seja, não há acesso universal à saúde ou previdência pública. No Brasil, por exemplo, a maioria das pessoas é forçada a algum tipo de poupança, seja a aposentadoria pelo INSS, FGTS ou, em algumas empresas, planos privados de previdência. Assim, o nível de poupança em relação ao patamar de renda, no Brasil, não poderia ser tão grande quanto o de um país como a China, no qual as famílias devem se preparar para o futuro, sem muitas formas de poupança forçada.

Contribuem para esse padrão três outros fatores: a China está no momento no final do seu bônus demográfico, ou seja, quando a maior parte da população está em idade produtiva e, portanto, no maior patamar de renda disponível, o nível de patrimônio é baixo, logo, para sua composição, é necessário um padrão de poupança maior do que aquele em países desenvolvidos, e as famílias, assim como no Brasil, passaram por traumas que tornaram a sociedade mais conservadora em suas decisões financeiras — numa escala muito maior do que a no Brasil, já que a Revolução Cultural deixou milhões de mortos, enquanto no Brasil a hiperinflação foi inconveniente, mas não matou ninguém diretamente.

No futuro, o nível de poupança chinês deve diminuir, saindo do patamar altíssimo, mas permanecendo num elevado nível em comparação aos outros países em desenvolvimento. Afinal, todas as dezenas de milhões de famílias obrigadas a terem um único filho vão ter seus descendentes tendo que poupar para sustentar toda a estrutura familiar. Ou seja, na sociedade chinesa, cabe aos filhos ajudar a sustentar os pais na velhice, já que não há rede de segurança social. Um casal de filhos únicos, então, teria a responsabilidade de auxiliar os 4 pais e 8 avós, e, por isso, a necessidade de poupança é grande. Já existem movimentos do governo chinês para criar uma rede de segurança social que deve diminuir a necessidade de poupança (OECD, 2010 e Economist, 2012).[5]

---

[4] http://www.economist.com/node/21560259. *Social security with Chinese characteristics*. Congratulate China for building the foundations of a pension system so quickly. Now it needs to restructure it.

[5] Economist, 2012. *Asia's next revolution*. Countries across the continent are building welfare states — with a chance to learn from the West's mistakes. http://www.economist.com/node/21562195. OECD, 2010. *China in the 2010s: Rebalancing Growth and Strengthening Social Safety Nets*. http://www.oecd.org/general/44878634.pdf

Outro caso interessante é o do Japão. Mesmo hoje, existe uma impressão de que a sociedade japonesa é muito poupadora. Contudo, o percentual de poupança como proporção da renda disponível hoje, no Japão, é de menos de 2%. Além do fato do nível de renda da população ser alto, o Japão é um dos países com processo de envelhecimento mais rápido do mundo, o que significa que parte significativa da população encontra-se no período de desinvestimento. Embora a marginal propensão a poupar das famílias de classe média e em idade produtiva seja alta, o número dessas famílias é menor do que em muitos países, incluindo o Brasil.

O caso do Brasil também é interessante. Um importante trabalho sobre o nível de poupança das famílias brasileiras é o de Ole Jorgensen (2011).[6] Assim como a maioria dos países latino-americanos, o Brasil poupa menos do que a pirâmide demográfica indicaria. O Brasil ainda vai se beneficiar do bônus demográfico e, portanto, a maioria das famílias ainda estaria na primeira fase, a de endividamento. Isso explicaria o porquê do grau de endividamento das famílias segue aumentando ao longo dos anos. Mas esse fenômeno é explicado pelo aumento de renda das classes mais baixas e de maior acesso a crédito (parcelamentos, crédito consignado, imobiliário, etc), o que aumenta a quantidade de dívidas contraídas.

Até pouco tempo, uma parcela significativa da população tinha restrição ao crédito, e, portanto, estaria restrita a consumir a sua renda corrente. Um trabalho importante sobre o assunto é o de Fábio Gomes (2004),[7] que afirma que grande parte da população brasileira está restrita a consumir sua renda corrente, existindo um ciclo comum entre consumo e renda. Esse comportamento cíclico representa uma rejeição à hipótese de consumo, permanente derivado da renda permanente da teoria de Friedman. Contudo, desde o trabalho de Fábio Gomes, a situação no Brasil mudou e, por isso, o endividamento aumentou. Isso seria racional de acordo com o modelo de renda permanente.

Ao mesmo tempo em que o comportamento agregado parece seguir um padrão racional, um grande número de famílias poupa

---

[6] Jorgensen, Ole. "*Macroeconomic and policy implications of population aging in Brazil.*" World Bank Policy Research Working Paper Series, 2011.

[7] Gomes, Fábio Augusto Reis. "*Consumo no Brasil: Teoria da renda permanente, formação de hábito e restrição à liquidez.*" Revista Brasileira de Economia 58.3 (2004): 381-402.

de forma desordenada, ou chegando ao superendividamento ou, então, à uma poupança exacerbada. Esse fenômeno é enxergado mais facilmente nas famílias de classe média ou média alta, com algum patrimônio. Essas famílias normalmente têm um padrão de poupança desconexo com o patrimônio (F0), subestimam a renda permanente e se fixam na renda temporária.

Para o resto dos países, o padrão do gráfico está de acordo com a teoria de renda permanente. Países ricos e sem bônus demográfico, como Dinamarca e Finlândia, podem, inclusive, se dar ao luxo de ter poupança negativa. Países mais pobres, com altas taxas de juros e com populações mais jovens poupam mais, enquanto países mais ricos, com taxas de juros mais baixas e em períodos de desinvestimento, poupam menos. Mesmo culturas famosas por serem poupadoras, como as asiáticas, são no agregado racionais, e países como Japão e Coreia do Sul tem, hoje poupança baixa, menos de 5% da renda disponível. São países ricos, com taxas de juros reais negativas e com população em envelhecimento. No caso japonês, isso é tão pronunciado que a taxa de poupança hoje está perto de zero, uma grande diferença da taxa de poupança de mais de 30% da renda disponível dos anos 1960 e 1970.

O modelo de renda permanente, então, tem como características principais a relação entre consumo e renda permanente (e não temporária), e a dependência do padrão de poupança do estágio de vida da família, patrimônio familiar, taxa de juros e da capacidade de geração de renda da família — uma teoria simples, representada no capítulo anterior, através dos períodos de endividamento, poupança e desinvestimento. Difícil mesmo é colocá-la em prática como medida prescritiva.

Ou seja, se planejar de forma racional. Afinal, o que funciona na média pode não funcionar para uma determinada família. A diferença entre a teoria, de forma individual, e a agregada é a variável que representa as preferências dos consumidores, e que pode ser pensada como grau de aversão ao risco. No comportamento agregado, o grau de aversão ao risco não é relevante, pois um país tem famílias mais avessas e mais tomadoras de risco. No caso individual, essa variável explica muitos dos comportamentos das famílias brasileiras — muitas vezes. O grau de aversão ao risco é incompatível com um planejamento racional, seja pelo superendividamento ou superacumulação.

CAPÍTULO 5 — EVIDÊNCIAS EMPÍRICAS, FINANÇAS COMPORTAMENTAIS E POUPANÇA PRECAUCIONAL

Embora seja uma forma importante de pensar como se planejar para o futuro, a teoria de renda permanente está longe de ser perfeita. Ela surgiu para descrever como as pessoas de fato se comportam, e não para ser prescritiva, ou seja, para mostrar como as pessoas deveriam se comportar. Assim, a teoria somente seria completamente válida se fosse testada empiricamente.

Contudo, vários trabalhos acadêmicos não conseguem encontrar evidências conclusivas sobre a teoria, e vários modelos recentes relaxam alguma das hipóteses da teoria para mostrar como os dados refletem o real padrão de poupança das famílias. Uma das teorias de finanças mais promissoras é a de finanças comportamentais, que expõe as falhas na nossa racionalidade e em como tomamos decisões financeiras.

Os primeiros, e ainda seminais, trabalhos nessa área foram publicados por Daniel Kahneman e Amos Tversky. Esses autores revolucionaram a forma de tomada de decisão, criando a *prospect theory* e ajudando a gerar o ramo de finanças comportamentais. Kahneman, embora psicólogo, ganhou o Nobel de Economia — na verdade, não existe um Nobel em Economia propriamente dito, mas sim um prêmio equivalente, concedido pelo Banco Central da Suécia desde 1969, e Amos Tversky só não ganhou o prêmio por ter falecido em 1996. Eles conseguiram penetrar na mente do *homo economicus* para mostrar como estamos longe da racionalidade prevista nos modelos econômicos tradicionais.

O trabalho de Kahneman e Tversky está resumido no livro *Rápido e Devagar: duas formas de pensar*, cujo objetivo é analisar o processo de tomada de decisão e as variáveis que influenciam nossa forma de pensar. Nesse livro, Kahneman revela uma das mais raras habilidades do mundo acadêmico: a de juntar conceitos sofisticados num arcabouço compreensível para o leitor refinado, mas não especialista.

São muitos os desvios cognitivos que nos afastam de uma racionalidade puramente econômica: Ancoragem, Disponibilidade, Confirmação, Intragrupo, Aversão a perdas, Falácio do Jogador, Racionalização pós-compra, Status-Quo, Manada, Negatividade, entre outros. Muitos deles afetam a forma com que tomamos a decisão de poupança e consumo. Tomemos por exemplo os efeitos de confirmação e intra-grupo. O primeiro diz que nós adoramos concordar com aqueles que concordam com a gente, enquanto o outro mostra que temos uma tendência de nos comportar dentro do nosso grupo de forma igual aos outros membros, para determinados assuntos.

Ou seja, somos extremamente influenciados por pessoas do nosso grupo e com o qual temos alto grau de concordância. Tomamos decisões, frequentemente, de forma parecida, mesmo que haja informações que mostrem que não deveríamos seguir o mesmo padrão de decisão. Essa é a razão pela qual o padrão de poupança é normalmente transmitido através das gerações, e é difícil nos desapegarmos das mesmas estratégias de nossos pais e pares.

Nos Estados Unidos, um dos exemplos mais famosos é o da Geração da Grande Depressão. Essas pessoas cresceram durante o período de penúria da economia americana, na década de 1930, e passaram o resto da vida traumatizadas pelas dificuldades financeiras, poupando muito mais do que o valor racional. Essa tendência de economia de gastos e alta poupança era reforçada pelo comportamento dos membros dessa geração, amigos e contemporâneos, e, mesmo quando alguns empreendedores eram muito bem sucedidos, muitas vezes mantinham o padrão de consumo e de poupança igual ao dos outros membros da geração, tentando incutir nos seus descendentes essa mentalidade.

O efeito ancoragem revela que usamos pontos de referência para comparar com outros valores. Esse efeito é o maior responsável pela estratégia de preço médio. Ao comprarmos uma ação, tomamos o preço de compra como padrão de referência, o preço âncora, e todas as decisões futuras terão como base esse preço. Se a ação cair, temos a tendência de esperar o preço voltar ao preço âncora, mesmo que novas informações nos mostrem que seja bem difícil que isso aconteça.

O efeito manada é simples de ser descrito: é a tendência de tomar uma decisão que todo mundo está seguindo. É a tendência de seguir uma onda de investimentos. É o que explica porque todo mundo queria investir em ações da Internet no início do século, em ações brasileiras em 2010, e é a principal explicação para a formação de bolhas especulativas.

O efeito mais relevante para decisões financeiras, e que forma a base da *prospect theory*, é o conceito de aversão a perdas (e não aversão ao risco, como na teoria econômica tradicional). O conceito estabelece que preferimos evitar perdas a conseguir possíveis ganhos. Tudo o mais permanecendo constante, uma queda de 10% sobre o preço de um ativo dói muito mais do que o quanto ficamos felizes com um aumento de 10% nesse preço. Esse efeito pode ser muito grande para muitas pessoas, e explica vários fenômenos reais sobre o movimento de ativos financeiros. Um dos exemplos é o comportamento do preço de imóveis ao longo do tempo.

O preço dos imóveis residenciais tende a ser *sticky*, ou seja, tende a subir, mas não a cair. As pessoas são avessas a perdas, e, portanto, se elas pagaram um preço X por um imóvel, dificilmente aceitariam vendê-lo por um preço abaixo de X. Nesse caso, após um período de alta, quando deveria ser seguido um período de correção de preços, isso acaba não acontecendo.

Assim, um sinal de que o preço de imóveis deveria estar diminuindo, é a retração de suas vendas. Isso é um fenômeno bem comum em cidades grandes. Em períodos de alta, os preços dos imóveis aumentam, mas em períodos de baixa, os preços permanecem quase iguais, e as vendas despencam — como o preço justo deveria ser mais baixo, mas a aversão a perdas não deixa os vendedores abaixarem os preços, o número de negócios cai significativamente.

Esse fenômeno não acontece com imóveis comerciais, pelo menos não na mesma medida que imóveis residenciais. As empresas se comportam de forma muito mais racional do que os indivíduos. Como os valores também normalmente são maiores, e o custo de oportunidade de manter imóveis comerciais fechados é muito alto, para manter os imóveis alugados, a tendência é que os preços de contratos de aluguel de imóveis comerciais subam e caiam de acordo com o ciclo de negócios.

O efeito de aversão a perdas vai muito além da viscosidade do preço de imóveis. É uma característica inata da maioria dos indivíduos e uma forma melhor de pensar sobre gestão de riscos do que o conceito puro de repulsa a eles. A existência de aversão à perda nos permite entender a aversão ao risco de uma forma diferente da forma tradicional de economia e finanças. Veja a figura abaixo, que representa o conceito de aversão a perdas, de forma geral.

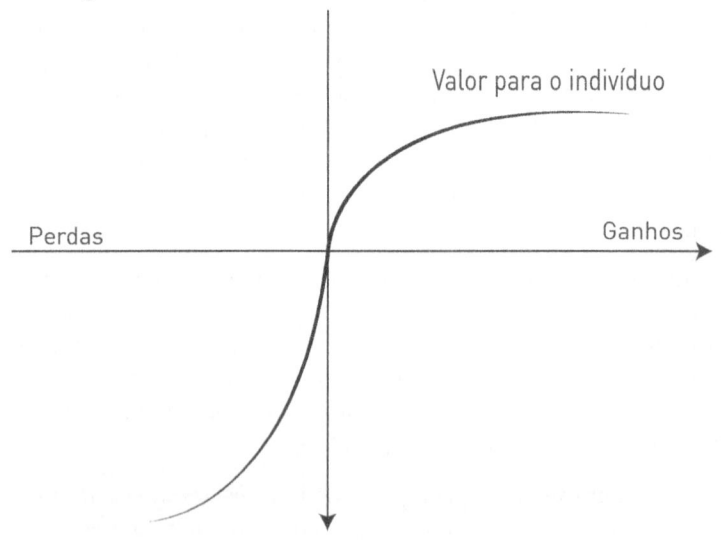

Gráfico 11: Aversão a perdas

Na figura, podemos ver como damos muito mais importância às perdas do que aos ganhos. Para um indivíduo, o valor de uma pequena perda é muito maior do que o valor de um pequeno ganho. Nesse caso, nos comportamos de forma minimax, um termo de teoria dos jogos que é definido como a estratégia de minimizar o máximo de perdas. Ou seja, em vez de buscarmos ganhos, preferimos perder o mínimo possível. Em termos técnicos, a função de perdas é convexa e a de ganhos é côncava.

Essa aversão a perdas é o que explica grande parte da nossa cultura de renda fixa, mesmo após a redução de taxa de juros para um dígito, em 2012. Não existe, por exemplo, explicação racional para manter qualquer quantia na caderneta de poupança. A caderneta rende cerca de 6% ao ano, livre de impostos. A taxa de juros média do Brasil, a SELIC, nunca esteve abaixo de 7,25% ao ano (em outubro de 2012), e, para manter os títulos públicos atrativos, as regras da poupança foram modificadas e foi introduzido um fator redutor, garantindo que a taxa de retorno da caderneta de poupança será sempre menor que a taxa básica de juros da economia (livre de impostos e de custos de transação).

Qualquer investidor pode investir em títulos públicos, seja através de fundos de renda fixa, ou de compras, via tesouro direto. Os títulos públicos têm o mesmo perfil de risco quantitativo da caderneta da poupança, ambos muito próximos de zero. Ou seja, não há explicação racional para deixar qualquer quantia na caderneta de poupança. Por que, então, os brasileiros ainda colocam dinheiro nela, mesmo sendo uma alternativa que apresenta menor taxa de retorno e com o mesmo risco de títulos públicos? São três as razões: ignorância sobre os investimentos alternativos, os efeitos de aversão a perdas e *status-quo*.

O efeito *status-quo* mostra que as pessoas tendem a tomar decisões que as deixam na mesma situação. Nesse caso, a caderneta de poupança é uma companheira conhecida da sociedade brasileira desde 1861, quando foi criada o que é hoje a Caixa Econômica Federal, e que remunerava os poupadores à taxa de 6% ao ano, assim como é hoje (quando não entra em ação o fator redutor). Em contrapartida, os fundos de renda fixa têm uma história curta no Brasil, e mais recente ainda é a opção do investimento direto em títulos públicos, via Tesouro Direto.

A caderneta de poupança ainda é considerada o investimento mais seguro na economia brasileira, mesmo que essa visão esteja tecnicamente equivocada. Como ela apresenta rendimentos nominais positivos, é impossível ter menos do que foi depositado. Ou seja, indivíduos com aversão a perdas encaram a poupança com carinho, já que não há como perder dinheiro. Em termos nominais, é claro, porque em termos reais, é outra história. A caderneta de poupança constantemente apresenta retornos reais negativos, pois não consegue bater a inflação e, portanto, é uma fonte de perdas para seus depositantes.

Em agosto de 2013 a caderneta de poupança apresentou recorde na sua captação líquida (O Globo, 06/09/2013), com R$4,6 bilhões, sendo que o valor acumulado dos oito primeiros meses foi de mais de R$46 bilhões. Nesse mês, o total de depósitos dos brasileiros na caderneta de poupança era de R$557 bilhões, uma montanha de dinheiro que não deveria estar nesse péssimo ativo financeiro, que nem deveria mais ser uma opção como alternativa de investimentos.

Em uma conta conservadora, se os investimentos em títulos públicos, diretamente via Tesouro Direto, rendessem 2% ao ano acima da caderneta, isso significaria que os brasileiros estariam jogando fora pelo menos R$11 bilhões por ano somente para pagar pela sua ignorância e para manter o *status quo*. Mais um exemplo de como tomar decisões financeiras de forma errada pode prejudicar a população, em geral, e os investidores em particular.

Um dos efeitos mais importantes sobre estratégias financeiras de longo prazo é o *endowment effect* (a tradução literal é efeito dotação, mas, aqui, uso efeito patrimônio, ou efeito posse). O exemplo que Kahneman dá para esse efeito é o de um colega professor de economia que comprou caixas de um vinho a U$10, que agora valem U$200. Como agora o patrimônio dele é valioso, ele não quer vendê-lo. Ao mesmo tempo, não quer comprar mais vinhos, pois considera o vinho caro demais agora.

O efeito patrimônio é definido como o efeito que faz com que as pessoas que tenham a posse de algo o qual atribuam valor exijam um preço muito acima do preço de mercado para vender essa posse. Como isso se relaciona com a estratégia de finanças de longo prazo que estamos discutindo aqui? O planejamento ideal significa realizar um período de desinvestimento. E isso, por sua vez, implica na despoupança, em se desfazer de ativos financeiros e não-financeiros para sustentar o padrão de consumo. E aí esbarramos no efeito posse, ou patrimônio. Como assim gastar o patrimônio na velhice? Infelizmente, não há outro jeito de fazer uma poupança racional que maximize o bem-estar de longo prazo. A opção a isso é fazer como muitos brasileiros que poupam até o final da sua vida: pessoas que vivem pobres e morrem ricas.

Conhecer os efeitos comportamentais sobre nossas decisões financeiras é um importante passo para evitar que caiamos nas armadilhas que nossos cérebros nos pregam. Não é garantia que venhamos a viver uma vida sem erros, mas pelo menos nos permite tomar decisões de forma mais equilibrada. Continua valendo a máxima de que mesmo decisões erradas, no mundo financeiro, podem ser lucrativas. Afinal, o futuro é incerto, e o que podemos fazer é planejar corretamente.

Existem várias formas de incorporar os conceitos de finanças comportamentais aos testes sobre a teoria de renda permanente. Um conceito subjacente e importante, é o de poupança precaucional. Formalmente colocado dentro do modelo de funcionamento de uma economia por John Maynard Keynes, a ideia de poupança precaucional é simples: como a renda permanente é afetada pelas incertezas do futuro, as famílias deveriam poupar mais no presente para se precaver de flutuações indesejadas na economia.

É o resultado do que todos conhecemos no Brasil — em uma época de hiperinflação, a vontade de poupar é muito grande, já que só assim temos alguma tranquilidade. Mesmo empresários de sucesso buscavam formas de poupar para se livrar da insegurança da economia brasileira. Era, e ainda é, muito comum que empresários, donos de pequenas e médias empresas, diversifiquem seu patrimônio ao comprar imóveis e fazendas, muitas vezes em nome das próprias empresas.

Embora aceitassem o risco de abrir um negócio, ao fazer sucesso a aversão à perda faz com que não queiram perder o patrimônio adquirido e, portanto, os empresários tendem a diversificar em negócios seguros. Também é assim que surgem os conglomerados brasileiros: empresários buscam negócios em ramos diferentes para diversificar riscos.

A poupança precaucional é mais importante em países, como o Brasil, que apresentam elevada incerteza macroeconômica. É o que explica parte da elevada poupança chinesa e o fato de que a propensão a poupar diminui nos Estados Unidos, nas décadas subsequentes à Grande Depressão — nenhuma geração americana foi tão poupadora quanto àquela que sobreviveu ao período de penúria da década de 1930. Um trabalho que tenta medir a poupança precaucional no Brasil é o capitaneado por Eustáquio Reis (1998).[8] Nele, os autores comprovam que o efeito de incerteza sobre o consumo é importante na economia brasileira da época, recém-saída do período inflacionário, os brasileiros poupariam menos e consumiriam mais (à ordem de 1,6% da renda), caso essas incertezas não existissem.

Mesmo duas décadas depois da estabilização, essa tendência não muda no Brasil, que sofre de uma má distribuição de poupança: enquanto uma parcela da sociedade poupa muito mais do que precisa, outra parte não consegue poupar por restrições de liquidez e baixa renda permanente. Não há como fugir do fato de que uma má distribuição de renda também causa uma má distribuição de poupança.

No agregado, o Brasil poupa pouco. Mas isso porque, como mostra o modelo de renda permanente, o patrimônio da maioria das famílias é baixo, assim como o potencial de renda permanente e o fato de que há pouco acesso ao crédito. Para muitas famílias, o nível de poupança é exacerbado, e a cultura brasileira quase exige das pessoas que estão entrando no mercado de trabalho que comecem a poupar imediatamente, com várias regras que as pessoas têm que seguir para ficar ricas. Um outro caso interessante de padrões de poupança baseado na renda permanente, e não na temporária, é o caso da Irlanda.

---

[8] Reis, E., Issler, J. V., Blanco, F., & Carvalho, L. (1998). *Renda permanente e poupança precaucional: Evidências empíricas para o Brasil no passado recente*. Pesquisa e Planejamento Econômico, 28(2):233-272.

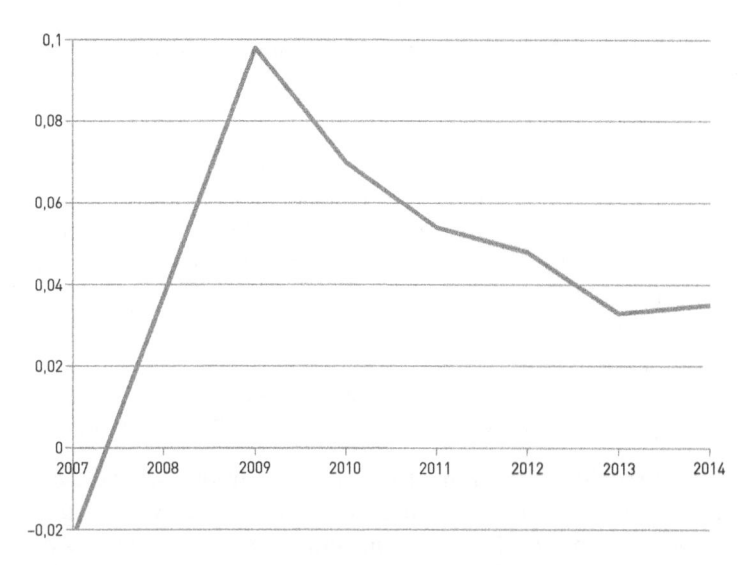

Gráfico 12: Poupança familiar na Irlanda, 2007 a 2014

Fonte: FMI, 2014.

A Irlanda foi um dos países mais afetados pela crise financeira de 2008. O PIB despencou 21%, em termos nominais, do final de 2007 a 2010. Ao longo dos períodos de bonança, a poupança irlandesa chegou a ser negativa. Afinal, o aumento de renda temporária não mudava o padrão de renda permanente, e as famílias consumiram com vontade esse excesso de renda. A crise financeira é responsável por uma mudança radical de visão. Os irlandeses descobriram que não iam ser mais ricos que os americanos (ou noruegueses, ou suecos) e retrocederam fortemente em seus padrões de consumo, passando a poupar, em dois anos, quase 10% da renda disponível, uma mudança radical do padrão de consumo altíssimo anterior.

O efeito pelo qual passaram os irlandeses é o de uma mudança na perspectiva de renda permanente. Como vimos, efeitos de renda permanente são importantes, mas eventos transientes, não. A frase: "você deve gastar de acordo com suas posses", só deveria fazer sentido se estivéssemos falando de renda permanente, não temporária. E foi isso que aconteceu na Irlanda. O tigre celta apresentava-se ao mundo como novo padrão de sociedade rica, na qual, libertados pelo empreendedorismo e baixos impostos corporativos, as molas do capitalismo levariam a sociedade irlandesa aos picos da riqueza material.

A crise financeira atingiu a economia irlandesa em cheio, estourou a bolha imobiliária e levou à falência os bancos que estavam demasiadamente alavancados. A crise levou as famílias irlandesas a reavaliar suas perspectivas de renda futura e, portanto, suas decisões de poupança. Como mostra o modelo, quando se muda a perspectiva de renda futura, as famílias devem modificar os padrões de consumo e poupança. Os efeitos de finanças comportamentais e suas distorções sobre decisões de planejamento financeiro estão resumidas abaixo.

Alguns efeitos são contraditórios: ou possuímos o viés de eventos raros, ou possuímos o otimismo. O efeito de eventos raros é mais comum, pois as pessoas imaginam, em suas decisões de poupança, cenários extremamente negativos: um acidente com graves consequências, doenças incapacitantes, etc. E isso, mesmo para pessoas jovens, cuja probabilidade desse tipo de evento é muito pequena. Para pessoas de alta renda, a existência de efeitos como negatividade e eventos raros leva à superpoupança, uma necessidade de ter fundos excessivos para situações de emergência — que provavelmente nunca virão.

O efeito otimismo, por sua vez, faz com que poupemos de menos, já que podemos ver o futuro com óculos cor de rosa. É o que acontece com muitos empreendedores que abrem negócios com pouca chance de sucesso, porque vislumbram uma situação na qual vão conquistar o sucesso empresarial. É ainda mais comum nos "empreendedores seriais", um tipo raro de empreendedor que passa sua vida abrindo novos negócios e se desfazendo deles quando dão muito certo ou muito errado.

Em ambos os casos, tomar decisões erradas não significa que as pessoas irão ficar em pior situação. Afinal, eventos raros acontecem, e sem o efeito otimismo muitas empresas bem-sucedidas nunca teriam sido criadas. Os efeitos comportamentais levam as pessoas a três tipos de situação: decisões de superpoupança, subpoupança ou decisões erradas, baseadas no perfil de risco próprio.

Tabela 1: Efeitos de finanças comportamentais sobre tomadas de decisões financeiras

Aversão a perdas	Lutamos para minimizar perdas e não para maximizar ganhos.
Ancoragem	Tomamos como referência o preço de um ativo e tomamos decisões baseadas nesse preço, mesmo que ele não faça mais sentido.
Propriedade	Superestimação de bens em nossa posse.
Confirmação e Intragrupo	Concordamos com pessoas parecidas ou do nosso grupo social, o que nos leva a tomar decisões parecidas.
Falácia do Jogador	Superestimamos eventos passados, achando que afetam fortemente eventos futuros.
Racionalização pós-compra	Tentamos manter consistência sobre nossas decisões e, por isso, justificamos decisões erradas ao revisitá-las.
Status-Quo	Tendemos a tomar decisões sem pensar em alternativas, para manter o status quo.
Manada	Somos afetados pelo comportamento do mercado. Se a onda é uma determinada ação, tendemos a superestimá-la.
Negatividade	Tendemos a prestar mais atenção em efeitos negativos e, portanto, superestimamos a probabilidade de eventos ruins.
Eventos raros	Superestimamos a probabilidade de eventos raros. Por isso, colocamos um grande peso nesses eventos em nossas decisões.
Otimismo	Algumas pessoas constroem cenários com o melhor resultado possível. Isso gera erros de planejamento (empreendedores, gestores, etc).

A falácia do jogador, por exemplo, leva a situações como a estratégia do preço médio. Nesse caso, tomar decisões de alocação de fundos baseadas no preço passado de ações não faz muito sentido, mas é difícil não fazê-lo, dado que estamos sujeitos ao efeito da falácia do jogador e do efeito patrimônio — tendemos a não nos desfazer de ações que caíram, porque valorizamos sua posse mais do que seu preço corrente.

Mas também, nesse caso, tomar decisões erradas não significa que perderemos dinheiro. Afinal, a ação pode voltar rapidamente ao seu preço antigo e já foi provado que famílias com forte efeito patrimônio conseguem resultados melhores em vendas de imóveis que a média das famílias. O efeito patrimônio faz com que muitas pessoas não queiram dar descontos no processo de venda de imóveis. Essa teimosia acaba resultando em maiores preços de venda, pois muitas famílias preferem esperar do que vender um imóvel por um preço menor do que aqueles que consideram o "preço justo". É claro que a teimosia pode levar as famílias a perder muito dinheiro — são vários os casos de imóveis fechados em que incorrem custos como condomínio, IPTU e o custo de oportunidade de ter o dinheiro aplicado.

Outro exemplo é o efeito manada, que ajuda a criar bolhas financeiras e imobiliárias. Quando somos tomados pelo efeito manada, tomamos decisões baseados no fato de que todos estão caminhando na mesma direção. É o caso da bolha da internet, que fez com que muitas pessoas investissem em ações de empresas de internet no início do século XXI, mesmo sem saber quais empresas realmente seriam bem sucedidas. Ou, então, a razão pela qual muitas pessoas investiram em empresas do grupo X, no final da década passada — fomos tomados por uma euforia coletiva.

CAPÍTULO 6 — AJUSTES DE ESTRATÉGIA: COMO INCORPORAR DINÂMICA ÀS DECISÕES DE PLANEJAMENTO FINANCEIRO

Um dos principais problemas em estabelecer estratégias financeiras de longo prazo é que os cenários mudam, e estratégias que parecem fazer sentido hoje podem não fazer sentido no futuro (veja o caso dos irlandeses, por exemplo). Ou seja, as regras de poupança pregadas em diversos textos, como poupar x da renda, nunca gastar mais do que se ganha, etc, não podem nunca ser tomadas como verdades absolutas. O que funciona num cenário de instabilidade macroeconômica não funciona num cenário de prosperidade. O ideal é que uma estratégia de longo prazo que faça sentido seja flexível, para ser adaptada à mudanças estruturais na economia.

Esse é um dos grandes benefícios da teoria da renda permanente, ainda mais se tentarmos adaptá-la com conceitos de finanças comportamentais. Uma estratégia bem feita pode ser modificada com poucos custos se o ambiente macroeconômico muda. Além disso, a teoria de renda faz sentido para todo mundo como modelo ideal de poupança e consumo. Executar uma estratégia baseada na teoria de renda permanente, contudo, não é simples. Ainda mais se considerarmos que temos que lidar com nossas inúmeras falhas cognitivas, que dificultam um processo de tomada de decisão que tenha o maior valor esperado.

Por exemplo, vejamos o caso da superpoupança. Muitas famílias têm um perfil extremamente conservador em termos de poupança, por causa do medo em relação ao futuro. Muitos executivos, arrojados e tomadores de risco em suas empresas, montam carteiras extremamente conservadoras com o argumento de que é impossível confiar na economia brasileira. Se isso é verdade, a estratégia ideal é ter uma carteira arrojada quando o ambiente macroeconômico estiver favorável, e somente mudar para uma estratégia mais conservadora se o horizonte macroeconômico ficar pior. A função de consumo permanente depende da taxa de juros e dos gostos do consumidor. A renda permanente, por sua vez, depende do patrimônio e do perfil de renda permanente.

Vamos assumir um caso simples: uma família tem um patrimônio herdado de R$400 mil — um pequeno apartamento numa localização menos nobre, num grande centro urbano. Os membros adultos estão num relacionamento estável e têm 24 anos de idade cada, no início de suas respectivas carreiras. Eles definem como meta de consumo gastos permanentes de R$15 mil por mês, ou R$180 mil por ano, mas ambos começam ganhando somente R$4 mil cada, líquidos, o que totaliza uma renda disponível anual de R$106 mil (aqui vemos o primeiro erro, que é considerar fluxos mensais, em planejamento de longo prazo, fluxos anuais funcionam muito melhor). Somamos aos R$8 mil líquidos mensais as rendas extras de 13° salário e férias.

Nesse caso, a família teria um déficit de R$76 mil no ano. Assumindo uma taxa de juros real de 5% ao ano, o rendimento do patrimônio da família seria de R$20 mil, descontando-se a inflação, se o apartamento fosse liquidado e colocado em títulos públicos com retornos acima da inflação de 5% ao ano (o que está abaixo da média histórica dos títulos brasileiros, mas acima do retorno no período do final de 2011 a início de 2013), geraria retorno real também de R$20 mil ao ano.

O planejamento também é de um aumento de renda significativo nos próximos anos. Afinal, ambos acabaram de entrar no mercado de trabalho e, normalmente, é possível se planejar para esse aumento de renda. O casal enfrenta quatro possibilidades:

1. Começar a poupar parte da renda disponível;
2. Gastar o que ganha, morando no apartamento da família e não pagando aluguel;

3. Gastar sua renda, mais o rendimento do patrimônio;
4. Liquidar o patrimônio e usá-lo para aumentar sua renda corrente.

A decisão racional e completamente contraintuitiva, dada a aversão a perdas das famílias brasileiras, é a opção 4. Antes de analisarmos essa situação, por que as outras opções estão erradas?

A primeira opção diz que o quanto antes começarmos a poupar, melhor. Essa é a regra de vários livros de finanças: que devemos sempre ter uma poupança para um *rainy day*. Por que isso não faz sentido? Porque as perspectivas de renda futura são um evento com muito maior probabilidade do que o contrário. Isso ainda é mais forte quando são duas pessoas a fonte de renda da família — isso permite o *hedge* natural: mesmo que um dos membros adultos tenha uma queda temporária de renda, existe a perspectiva do companheiro de aumentá-la. De fato, a renda permanente da família é crescente e, portanto, poupar significa um sacrifício grande num período de aumento. O ideal é postergar a poupança para o período do top da renda.

A segunda opção também parece tentadora. Ao morar no apartamento da família, o casal estaria praticando uma poupança forçada, economizando o valor do aluguel e podendo juntar dinheiro para o futuro. O problema com essa estratégia é que ela envolve um sacrifício desnecessário, a não ser que o apartamento atenda os requisitos do casal, ou seja, haja vontade de morar num apartamento pequeno, fora do centro urbano da cidade. Se, ao decidir morar lá, isso significasse um sacrifício, o ideal seria desconsiderar o imóvel como moradia e, portanto, alugar algo que estivesse de acordo com os desejos de moradia do casal.

Usar a renda do patrimônio poderia levar, então, à terceira opção, que é complementar a renda do casal com a do apartamento. Essa opção é razoável se, e somente se, o casal não tiver como fazer dívidas que possam elevar seu padrão de consumo presente. O problema com a terceira opção é que mesmo que utilizem o dinheiro do aluguel, ou se o patrimônio for liquidado e transformado em ativos financeiros, o rendimento será insuficiente para que o padrão de consumo se iguale ao padrão de renda permanente.

Nesse caso, resta a 4ª opção, na qual o casal utiliza o principal ou dívidas para consumir, de acordo com seu padrão de consumo permanente. Essa alternativa é contra intuitiva e normalmente impensável para a maioria dos brasileiros. Vender um apartamento e gastar esse dinheiro? Ainda mais quando se é jovem? Irresponsabilidade! Na verdade, não. Se o planejamento financeiro for bem feito, esse dinheiro pode complementar a renda por cerca de 4 a 5 anos, enquanto a renda do casal aumenta. No futuro, o casal pode poupar sem tantos sacrifícios e repor o valor do imóvel no conjunto do patrimônio familiar. Gastar e consumir o patrimônio pode, sim, ser a solução ideal, ainda mais quando somos jovens e temos a possibilidade de construir patrimônio com aumento de renda futura.

Mas esse caso pode revelar o caso de um viés de otimismo. Como podemos evitar montar um cenário no qual o futuro sempre paga por nossas decisões do passado? Uma das formas de fazer isso é através de uma técnica chamada de *premortem*,[9] que funciona bem para decisões sobre projetos complexos. A técnica envolve montar um cenário no qual o projeto deu errado e o grupo que tomou a decisão deve escrever uma história que mostre porque o projeto falhou.

Assim, isso força os tomadores de decisão a colocar uma probabilidade não negativa a eventos que podem afundar um projeto e, posteriormente, responder perguntas do tipo: "Como podemos nos preparar para evitar esse pior cenário?", "Que mecanismos precisam ser melhorados num projeto?" Na verdade, se somos otimistas demais, devemos nos preocupar com cenários ruins, e se somos naturalmente pessimistas (forte viés de negatividade, por exemplo), devemos nos planejar para o sucesso inesperado.

Tomemos o caso dos cenários pessimistas de poupança de longo prazo. O que aconteceria se tivéssemos uma doença rara ou um acidente? Nesse caso, um excelente plano de saúde e um seguro contra acidentes poderiam funcionar na proteção contra esse cenário de pouca probabilidade. É importante notar que a

---
[9] Klein, Gary. *The Power of Intuition*, 2003, p. 98–101.

CAPÍTULO 6 – AJUSTES DE ESTRATÉGIA

indústria de seguros funciona exatamente aproveitando o fato de que temos, na média, um viés de negatividade maior que o de otimismo. Exatamente porque colocamos uma probabilidade maior em cenários negativos do que a realidade, as seguradoras conseguem cobrar mais prêmios do que pagam. Se fôssemos perfeitamente racionais, aceitaríamos pagar exatamente o preço justo do seguro, definido como a probabilidade do evento vezes o valor do evento, e não haveria indústria de seguros.

A indústria americana de seguros estima que cada motorista utiliza sua apólice uma vez a cada 17,9 anos e que a probabilidade de perda total é muito menor do que isso.[10] No Brasil, a relação entre o preço do seguro anual e o valor do automóvel segurado varia bastante, tanto regionalmente quanto por sexo e idade, mas uma média bem conservadora de mercado se situa em cerca de 3,5%.[11] É fácil ver que se colocarmos o dinheiro do seguro num fundo a ser usado a cada 17,9 anos, vamos conseguir acumular muito mais do que o preço do automóvel a uma taxa de 6% ao ano, 1,13 vezes o valor de um carro zero. A maioria dos sinistros é por valores muito inferiores ao de uma perda total, mesmo considerando a possibilidade de danos contra terceiros. O preço justo seria de menos de 2,5%.

Por que aceitamos pagar mais que o preço justo de um seguro? Na verdade, como a maioria de nós se considera motoristas acima da média, devíamos aceitar pagar um valor ainda menor que o justo. A compra de um seguro é afetada por três grandes efeitos comportamentais: negatividade, manada e aversão à perdas. Como o evento acidente de carro está sempre presente na mídia e no nosso círculo familiar e de amigos, atribuímos uma alta probabilidade de que possa acontecer conosco, muito maior que 1 vez a cada 17,9 anos. Além disso, temos uma grande aversão a perder o patrimônio conquistado. Por causa disso, aceitamos pagar um valor acima do valor justo.

Nossa decisão não é estritamente racional, mas sofre de efeitos comportamentais que são difíceis de serem evitados. O preço

---

[10] http://www.foxbusiness.com/personal-finance/2011/06/17/heres-how-many-car-accidents-youll-have/

[11] http://quatrorodas.abril.com.br/QR2/autoservico/seguros/mais.shtml

da nossa paz de espírito ao dirigir é o valor entre o seguro real que pagamos e o valor justo. Mais que isso: temos informações incompletas, pois não sabemos estimar a real probabilidade de um acidente em um ano. Isso vale para seguros de vida, imóveis e todos os outros.

A moral da história não é a de que devemos abandonar os seguros que fazemos, mas sim entender que tomamos decisões irracionais para nos proteger exageradamente. Nesse caso, devemos nos concentrar nos riscos que realmente importam. Por exemplo, para um profissional liberal, o grande risco é perder sua capacidade de geração de renda, como efeito de uma doença ou acidente.

Nesse caso, o cuidado com um seguro por invalidez tem que ser grande para que esse profissional tenha garantia de que conseguiria manter sua qualidade de vida, caso seu cenário pessimista se concretizasse. Um seguro contra incêndio é realmente importante? Se o patrimônio da família está dentro de casa, sim, caso contrário, a probabilidade é extremamente baixa, e o que importa, como fotos de família, não têm valor monetário. Entender probabilidade e como definimos nossas ações baseadas nas construções de possibilidades é extremamente importante para que nossas decisões sejam mais eficientes, embora nunca sejam racionais.

Aplicando os conceitos: Que variáveis importam?

Estratégias de poupança devem fazer duas coisas: minimizar o período de poupança e preparar o patrimônio para o período de desinvestimento. Aqui ainda não vamos tratar de riscos, ou seja, não vamos analisar como alterar as decisões de investimento para lidar com perfis de risco diferentes.

A primeira definição é o padrão de consumo permanente. Aqui temos a primeira pergunta relevante: qual o padrão de gastos que a família pretende ter nos próximos dez anos? Essa pergunta não é trivial e é a base das decisões de poupança. Ela também pode ser ajustada, caso o padrão de renda permanente se altere (por exemplo, os planos de carreira dão muito certo, ou uma crise financeira que atinge todo o país).

As variáveis são:

Patrimônio atual, padrão de gastos permanentes, potencial de renda permanente e taxa de juros. São as mesmas variáveis do capítulo anterior. Mas como aplicá-las na vida real? Não há forma de planejamento perfeita, mas algumas variáveis são conhecidas: o padrão de gastos permanentes, o patrimônio atual e a taxa de juros. A renda permanente é a grande variável incerta.

As regras para planejar são simples:

- Quanto maior o patrimônio corrente ou esperado, menor a necessidade de poupança. Essa é uma regra simples, mas que muitas vezes é desconsiderada. Muitas famílias apresentam patrimônio do passado e que vai ser passado como herança, ou já é utilizado. Nesse caso, a família pode alavancar seus gastos correntes pelas rendas ou pelo uso do patrimônio.
- Quanto maior a taxa de juros, melhor a antecipação de poupança. Um planejamento de poupança ideal é uma combinação de períodos de poupança e despoupança. Quanto mais elevada a taxa de juros corrente, maior o rendimento dos ativos financeiros no presente e, portanto, maior o rendimento dos títulos públicos com baixo risco, que devem estar em qualquer carteira de ativos. Assim, pode ser interessante antecipar o período de poupança, quando a taxa de juros estiver alta e adiar a poupança, quando a taxa de juros estiver baixa.
- Mudança no padrão de vida. Existem pessoas caras e pessoas baratas. Ou seja, existem pessoas que gostam de alto padrão de vida e aquelas que gostam de um padrão de vida no qual os gastos financeiros são menos importantes. Paradoxalmente, pessoas caras devem poupar mais e pessoas baratas, menos.

Vejamos o caso de uma pessoas "barata": como o padrão de gastos permanente vai ser baixo, a família, naturalmente, terá uma poupança natural no seu pico de renda. Isso significa que nos outros períodos, não há necessidade de fazer poupança e, portanto, não há necessidade de estratégia ativa de poupança. Para pessoas caras, contudo, há necessidade de planejamento estrito de poupança, para que possa ser mantido um padrão de gastos alto ao longo da vida. Não vale a regra "gasta-se o que ganha", pois em períodos de menores ganhos o padrão de vida cai.

- Gatilhos para mudanças de estratégia: por melhor que seja o planejamento, eventos extremos podem modificar as decisões. Por exemplo, uma carreira mais ou menos bem sucedida que o esperado vai gerar maior ou menor renda permanente e, portanto, vai alterar o padrão de gastos permanente. Essa é a grande consequência da crise financeira sobre a classe média norte-americana. Durante anos, as novas gerações foram estimuladas a aumentar seu consumo corrente pela perspectiva de aumento de renda futuro, dada a dinâmica da economia americana, que oferecia bons empregos aos novos estreantes no mercado de trabalho. Ajustar as estratégias é fundamental, principalmente durante o período de pico de renda. Afinal, é praticamente impossível o ajuste no período de "despoupança". Uma regra de ouro é desconsiderar a poupança forçada do sistema previdenciário público, a não ser que razoável parte da renda da família venha do funcionalismo público. Isso evita a situação de muitos aposentados no Brasil e no mundo, pois países com crises de previdência podem vir a quebrar o pacto social relativo a aposentadorias. Um exemplo é o da cidade de Detroit, nos Estados Unidos, que decretou falência e cortou aposentadorias em até 50%. Ou então o caso brasileiro, no qual durante um grande período apresentou reajustes dos aposentados do INSS menores que os da inflação. Montar uma carteira própria para o período de despoupança sem considerar as mudanças que o setor público pode passar, é uma boa estratégia em termos de gestão de risco.
- Determinar ativos com pouca ou muita liquidez. Um erro comum no planejamento de longo prazo é estabelecer uma estratégia em ativos ilíquidos. Isso torna o processo de despoupança mais difícil e tira flexibilidade de curto prazo para as famílias. O ideal é apresentar uma carteira equili-

brada em termos de risco e retorno, também em termos da liquidez dos investimentos.

- Definir a moeda em que se pretende poupar. Se a família pretende morar no Brasil no longo prazo, os ativos da família devem estar aqui. Afinal, mesmo que o país entre em crise, esse é um risco menor que o risco cambial de manter ativos em moeda estrangeira. A não ser, é claro, que a família tenha flexibilidade em mudar de país.

A figura abaixo resume o modelo ideal, sem risco e sem poupança precaucional.

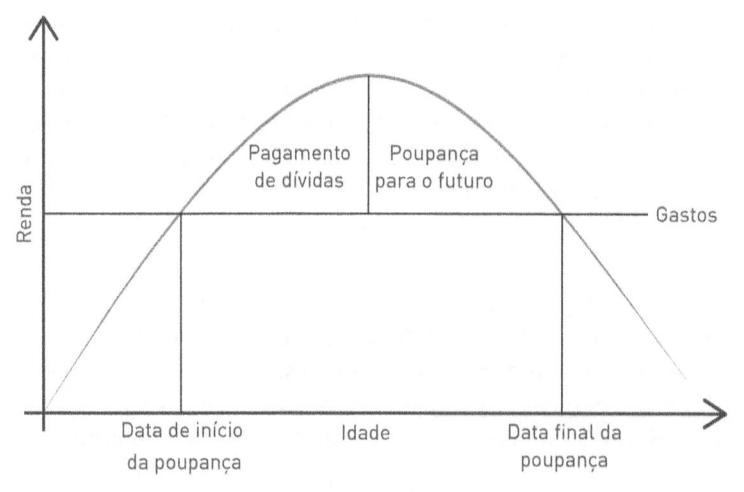

Gráfico 13: O modelo de poupança ideal

As variáveis principais a serem definidas, então, são:

1. padrão de gastos permanente
2. data de início do período de poupança
3. data final do período de poupança

Após a definição dessas variáveis, pode-se esclarecer os períodos e tamanho da poupança precaucional. A definição dessas variáveis não é muito difícil. A ideia central é a de que a família somente deve poupar depois que sua renda estiver acima do padrão de gastos permanente. E essa é a grande mudança em relação aos modelos normais de poupança de longo prazo, que determinam que as famílias devem começar a se sacrificar o mais cedo possível — adiar o começo dessa fase, aumenta o benefício de longo prazo, desde que a renda permanente cresça de acordo com o nosso modelo e o padrão de gastos seja mantido.

Até os gênios erram — Steve Jobs e seus traumas

Numa conversa com Warren Buffet, em 2008, antes de morrer, Steve Jobs trouxe um problema ao mago de Omaha, considerado o maior investidor do mundo (Fortune, 2013). O problema de Jobs? A Apple tinha dinheiro demais. À época, algo em torno de U$60 bilhões. Enquanto ter dinheiro demais não parece ser um problema aos meros mortais, para uma empresa é algo que pode, sim, ser considerada uma questão a ser resolvida. Enquanto ter dinheiro demais é uma boa garantia para uma pessoa física, o objetivo de uma empresa é gerar retorno para seus acionistas, ou seja, não é acumular uma quantidade enorme de dinheiro.

O que uma empresa pode fazer com excesso de dinheiro? Normalmente, são algumas as suas opções: fazer nada, comprar de volta ações, de forma a valorizá-las, pagar dividendos, ou usar o dinheiro para comprar novas empresas. Comprar ações e pagar dividendos tem mais ou menos o mesmo efeito — são formas de devolver o dinheiro aos acionistas da empresa. Adquirir empresas, em processos de fusões ou aquisições, requer um objetivo estratégico, ou seja, uma razão para que uma empresa comprada complemente o negócio atual.

Buffet perguntou se Jobs achava que o preço da ação da Apple estava desvalorizado. Jobs respondeu que sim. Ou seja, acreditava que o preço da ação da Apple estava abaixo do preço justo de mercado. Quando um gestor acha isso, a decisão racional, se há excesso de caixa, é recomprar as ações da empresa, o que faz com que haja menos ações em circulação no mercado e, portanto, o preço dela suba.

O que fez Jobs? Simplesmente sentou em cima do excesso de caixa. Preferiu não fazer nada. Dois anos depois de falecer, a montanha de caixa em poder da Apple tinha crescido para mais de U$140 bilhões, o que se tornou um grande problema para o novo CEO da Apple, Tim Cook. Mas por que um gênio como Steve Jobs tomou uma decisão estranha como essa?

Por que não devolver o caixa de volta aos acionistas da Apple, incluindo ele mesmo? Na verdade, Steve Jobs, por mais gênio que fosse, ainda era um indivíduo traumatizado pelo passado. Enquanto foi CEO da Apple nos anos 1980 e da Pixar nos anos 1990 e 2000, ele presidiu empresas que tiveram excessivos problemas de liquidez. Em ambas as empresas, Jobs experimentou períodos nos quais o caixa era curto e ele tinha que gerenciar o fluxo de caixa, em vez de se concentrar no que gostava, que era criar coisas novas.

Por causa disso, quando a Apple começou a fazer um sucesso estrondoso com suas novas criações, Jobs preferiu entesourar o caixa da empresa para o que ele chamava de um *"raining day"* — ou seja, para uma eventual necessidade. Ele sabia que era um exagero, tanto que contatou Warren Buffet, mas, ainda assim, não conseguia se livrar dos traumas da época da Pixar e de quando foi CEO da Apple pela primeira vez.

No final das contas, Jobs morreu e não mexeu no caixa da empresa. Quando faleceu, a empresa tinha quase U$100 bilhões em caixa, uma quantia absurda, que não tinha qualquer uso para a Apple. Mais ainda: essa dinheirama estava aplicada em títulos públicos de longo prazo, rendendo uma quantia muito baixa de juros. O novo CEO, Tim Cook, passou uma grande parte da sua gestão se preocupando com o que fazer com essa montanha de dinheiro. Pela primeira vez em muito tempo, a Apple começou a pagar dividendos, mas não sob a gestão de Steve Jobs. Seus traumas não permitiam que ele usasse o dinheiro da empresa.

É a mesma coisa em diversas famílias brasileiras: o fato de que em algum momento a família passou por maus bocados faz com que o modelo mental se volte totalmente à segurança, mesmo que não haja mais necessidade. Realmente é difícil se livrar dos traumas do passado — se até um dos maiores gênios empresariais do mundo não conseguiu, realmente não é tarefa fácil. Mesmo os gênios são sujeitos à falhas humanas — não é porque Steve Jobs era um gênio criativo que ele teria um talento inato para finanças.

CAPÍTULO 7 — QUE CASA PRÓPRIA COMPRAR?

A compra da tão sonhada casa própria é uma das mais importantes decisões financeiras que uma típica família de classe média toma ao longo da sua vida. Contudo, essa decisão é normalmente feita com base em fatores que vão muito além de uma escolha puramente financeira. Uma escolha errada significa uma grande frustração, seja emocional ou financeira, e, muitas vezes, passam-se anos para que se consiga consertar o erro de uma decisão mal tomada.

Vamos voltar ao exemplo dos meus familiares em relação à compra de suas primeiras casas próprias. Em ambos os casos, eles compraram apartamentos pequenos, afastados e muito aquém do necessário para uma boa qualidade de vida, porque compraram os imóveis assim que foram efetivados no primeiro emprego. O que aconteceu com eles? Ambos tiveram carreiras bem sucedidas, um em Londres e o outro em Lisboa, ambos como supervisores de TI em empresas multinacionais.

Embora não tenham perdido grandes somas, hoje o valor desses imóveis (já vendidos há anos) apresenta uma participação muito pequena no patrimônio deles. Um dos meus familiares, em particular, continua mantendo a estratégia de *"trade up"*, ou seja, vai vendendo um imóvel, juntando dinheiro e comprando um maior, e isso mesmo depois de manter uma carreira internacional de sucesso. A segurança da casa própria se sobrepõe a qualquer argumento racional sobre gestão de patrimônio e, para ele, a concentração da sua poupança em imóveis o deixa feliz.

No Brasil, durante o período hiperinflacionário, a compra de imóveis era uma forma importante de imobilizar a poupança numa situação de insegurança sobre o futuro da economia brasileira. Com a estabilização e os altos juros reais do período 1994—2010, a compra de imóveis não era a melhor decisão financeira, já que os títulos públicos de curto prazo rendiam mais que 10% ao ano em termos reais (com períodos de rendimento real de 40% anuais ou mais).

O período de queda da taxa de juros coincidiu com o aumento da demanda e consequente elevada valorização do preço dos imóveis no Brasil. A decisão da compra da casa própria envolve uma série de riscos ocultos, em especial aqueles decorrentes do fato de que imóveis são bens ilíquidos e, portanto, difíceis de transformar em moeda, caso haja alguma necessidade. Na verdade, proponho aqui que a compra da casa própria não deve ser uma decisão financeira!

Casa própria como um ativo seguro e com benefícios intangíveis

As maiores vantagens de morar numa casa própria não estão relacionadas, como normalmente se imagina, com o fato de que assim consegue se fugir do aluguel. Na verdade, financeiramente pode ser mais benéfico alugar um apartamento do que ter sua posse, já que o aluguel residencial, no Brasil, varia de 0,2% a 0,6% do valor do imóvel, um rendimento facilmente igualável, na média, por uma série de outros ativos. O rendimento de uma carteira bem diversificada poderia, caso apresentasse o mesmo valor do imóvel pretendido, pagar o aluguel do mesmo com seu rendimento e ainda apresentar algumas vantagens, como liquidez e baixos custos de transação (mais sobre o imóvel como ativo financeiro no próximo capítulo).

Um imóvel é um ativo financeiro com baixa liquidez (afinal, é um *I-móvel*), risco de desvalorização e altos custos de transação. Claro que também podem ser auferidos grandes ganhos se a compra do imóvel for feita no momento correto, pois muitos valorizam-se acima da inflação e têm razoável liquidez, mas o fato é que não se sabe, no momento da compra, se o imóvel apresentará altos rendimentos para seu comprador, ou se será somente uma grande dor de cabeça — em muitos casos as obras de manutenção são maiores que os percentuais de valorização. Além disso, a compra de um imóvel é uma decisão de longo prazo e é muito difícil medir a perspectiva de valorização de longo prazo, especialmente se o período for acima de 10 anos.

Se muitas vezes é melhor morar de aluguel, qual a vantagem da compra da casa própria, então? A grande vantagem é psicológica e envolve segurança e o fato de que não é preciso se mudar a não ser que se queira. Está relacionada ao conceito de valor de uso — apresenta vantagens em relação ao seu uso que outros ativos financeiros não possuem. Ou seja, deve ser levado em conta que se podem ser feitas quaisquer modificações no imóvel, desde que próprio, e que se achem necessárias.

Existe, no Brasil, um sentimento de "amor ao tijolo", que vai além das decisões puramente racionais. Assim, podemos desconsiderar a compra do imóvel como uma decisão financeira, já que muitos ativos financeiros podem apresentar rendimento maior ou serem inclusive mais seguros (títulos públicos pós-fixados apresentam total certeza de valorização nominal, pois são corrigidos diariamente pela variação da taxa Selic). Numa carteira balanceada para uma família, o peso dos imóveis seria muito menor do que normalmente é na prática e, para uma decisão racional, mas não financeira, as condições básicas para a compra eficiente da casa própria são:

1. Comprar somente se não houver planejamento de mudança geográfica de carreira no curto prazo, ou seja, definir bem o *timing* da compra da casa própria.

2. Comprar o imóvel que deve ser a moradia principal da família nos próximos 20 anos.

3. Não comprar imóveis como forma de investimento, a não ser que se entenda todos os riscos e não seja a maior parte da carteira.

Vamos a cada caso:

1 — Comprar somente se não houver planejamento de mudança geográfica de carreira no curto prazo, ou seja, definir bem o timing da compra da casa própria

Um dos grandes custos ocultos da compra da casa própria é que sua imobilidade acaba se transferindo para o resto da família. Embora vivesse de aluguel na época em que recebi uma oferta para ministrar aula na Universidade de Nottingham, no campus de Ningbo (China) ainda assim, o patrimônio imóvel tornou a decisão de aceitar a oferta um pouco mais complicada.

Embora não tivesse um imóvel à época, tinha uma coleção de livros e revistas acumuladas durante anos. Era preciso dar um destino à coleção para poder viajar para a China de forma tranquila. Para encurtar a história, um amigo estrangeiro, que iria passar um tempo como professor visitante no Brasil, assumiu meu apartamento e o aluguel, com a condição de tomar conta dos meus livros (e dos gatos), enquanto eu estivesse no exterior. Depois de aceitar a oferta para voltar ao Brasil, retomei o mesmo apartamento, com minha coleção intacta e imóvel. Esse caso mostra o quanto nossas decisões podem ser afetadas pela imobilidade do nosso patrimônio.

Em nenhum momento deixei de pensar em aceitar a oferta de Nottingham por causa da minha coleção, mas a sua existência tornou o processo de mudança de país um pouco mais difícil. Para uma família com um imóvel estabelecido, a decisão de mudança de cidade ou país é muito mais complicada que no caso de uma coleção, que, em último caso, poderia ser enviada para a China. A escolha de mudança de país pode trazer diversos benefícios e, no meu caso, as vantagens pessoais de viver na China e trabalhar para uma universidade inglesa eram grandes. A perda dessa oportunidade por causa de um patrimônio que deveria me servir não seria racional, mas, em muitos casos, as pessoas acabam servindo ao patrimônio em vez do inverso.

Em situações normais, a compra da casa própria pode ser adiada e, portanto, é extremamente importante determinar o momento certo da aquisição. Claro que em períodos de extrema valorização no preço dos imóveis, acertar o momento correto é relevante do ponto de vista financeiro, mas, se usarmos nossa premissa de que a compra da casa própria não é uma decisão financeira, continuamos a concluir que essa decisão pode sempre ser adiada. A possibilidade de postergar o "sonho da casa própria" resulta em maior flexibilidade para o planejamento de longo prazo. O dinheiro que seria utilizado na compra pode ser poupado em outros ativos financeiros e sua imobilização pode ser feita a qualquer momento.

Qual o *timing* ideal, então? Se o desejo da casa própria for grande, o melhor momento para a compra é aquele no qual há perspectivas de estabilidade familiar, ou seja, no qual não se pensa em mudanças bruscas num horizonte de, no mínimo, 5 anos. Se houver grande incerteza em relação à situação familiar, seja por carreira ou por qualquer outro motivo, sempre é possível adiar a compra da casa própria. Como exemplo, no Brasil "quem casa, quer casa", um ditado popular que é mais forte para casais jovens do que os mais maduros.

Contudo, exatamente os casais mais jovens deveriam adiar a compra da casa própria, pois, normalmente, há maior incerteza sobre o futuro, especialmente em relação à carreira, do que para um casal mais maduro. Além disso, um casal mais jovem estaria na curva ascendente de renda e, portanto, provavelmente faria um sacrifício muito grande para comprar o imóvel ideal. Nesse caso, adiar a decisão pode ser a estratégia mais correta.

Como o imóvel normalmente representa parte significativa do patrimônio familiar, sua compra deve coincidir com a área de maior renda, pois, nesse caso, o sacrifício da poupança seria minimizado pela diferença entre a renda e o padrão de gastos. O momento ideal de compra da casa própria, para aqueles que desejam fazê-lo, deve estar na área ascendente da curva de renda, como mostra o gráfico a seguir.

A regra é simples: o que limita a compra do imóvel não é a renda presente da família, mas sim sua curva de renda permanente. No começo da carreira não é possível adquirir um imóvel de alto valor e que seja a moradia ideal da família de longo prazo. Nesse caso, a melhor estratégia é alugar um imóvel perto do ideal

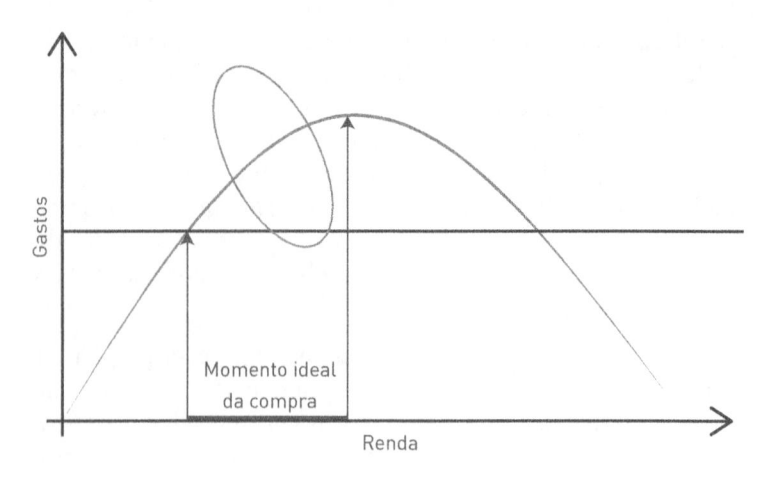

Gráfico 14: Momento da compra da casa própria

e, somente quando a renda familiar permitir, pensar na transição do aluguel para compra.

2 — Comprar a casa que deve ser a moradia principal da família nos próximos 20 anos

A valorização ou não do imóvel somente é importante quando o mesmo é visto como ativo financeiro. Como estamos desconsiderando esse papel, a ideia é que sua compra deve ser feita somente quando há alguma certeza sobre sua utilização no longo prazo. Já comentamos sobre a estratégia *"trade up"*, na qual se compra um imóvel compatível com a renda atual e, à medida em que esta aumenta, e junta-se mais dinheiro, com o passar do tempo, troca-se por um melhor.

São dois os grandes problemas com essa estratégia: durante uma grande parte da vida, a moradia está desalinhada com a renda — é possível morar bem durante toda a vida; e os custos de transação retiram grande parte dos possíveis ganhos pela propriedade dos imóveis — em especial, perde-se muito tempo com as sucessivas transações de compra e venda, que podem demorar meses, em vez de se dedicar esse tempo a aproveitar a vida.

CAPÍTULO 7 — QUE CASA PRÓPRIA COMPRAR?

Muitos amigos e casais que conheço moram em apartamentos próprios nos quais estão extremamente insatisfeitos, seja pela localização, pelo tamanho ou alguma outra característica. Em alguns casos, os imóveis foram herdados e, em outros, foram comprados quando o padrão de renda era diferente do atual. Em todos os casos existe uma grande inércia para mudança, o que é compreensível, dado que a compra e venda de imóveis é um processo longo, burocrático, caro e, muitas vezes, exasperante. Isso torna ainda mais importante a decisão da compra correta, de preferência aquele ideal por um longo tempo.

Assim, é importante dimensionar a propriedade com as necessidades da família: casa ou apartamento? Quantos quartos? Novo ou usado? Quantos banheiros? Qual localização? O imóvel deve se adequar ao máximo ao desejo da família, ou, de outra forma, o sonho da casa própria pode se transformar em pesadelo. De que adianta ter uma casa própria se estiver faltando algo importante para o conforto da família? Por que viver anos num apartamento no qual existem restrições à felicidade, somente porque ele é próprio? Mais uma vez, o imóvel deve servir às necessidades da família, e não o contrário.

As perguntas que NÃO devem ser feitas referem-se à possibilidade de valorização, ou se o imóvel está um pouco mais caro ou não. Não há como saber se a longo prazo o imóvel vai realmente se valorizar, ainda mais se estamos trabalhando com um horizonte de décadas como variável de decisão. Além disso, mesmo que o imóvel dos sonhos esteja um pouco mais caro do que a média, essa diferença vai ser amortizada durante décadas e, portanto, no final das contas, é irrelevante, especialmente se a propriedade for aquela que se encaixa no sonho da família.

A única restrição financeira está na relação entre o valor do imóvel e o planejamento de renda perpétua. Se no planejamento financeiro de longo prazo não for possível acumular recursos sem um grande sacrifício para a compra da casa própria, ela deve ser evitada. Pode-se comprar um imóvel que esteja além das posses presentes, mas não se deve comprar algo que a perspectiva futura de renda não possa pagar.

O grande problema em financiar imóveis no Brasil está no fato de que a taxa de juros, mesmo para a compra neste ramo, é muito alta, o que significa que o pagamento das prestações acaba se tornando um sacrifício por um prazo bastante longo. Enquanto nos EUA existem benefícios fiscais na compra de imóveis a prazo e, portanto, existe uma grande vantagem em financiar o maior valor possível, com baixa entrada, no Brasil é mais vantajoso, do ponto de vista financeiro, pagar à vista, se possível, ou financiando-se o menor valor possível.

3 — Não comprar imóveis como forma de investimento

Esse é um corolário da nossa tese de que a decisão de compra de um imóvel não deve ser uma decisão financeira. Para a maioria das famílias, o imóvel é uma grande parcela do patrimônio, se não a maior. Um dos princípios básicos da teoria de carteiras em finanças (que tem como objetivo apresentar escolhas eficientes entre risco e retorno) é de que uma carteira de investimentos deve ser diversificada. Isso vale também para o patrimônio familiar: se o imóvel é a maior parte do patrimônio, normalmente não vale a pena concentrar o patrimônio com mais propriedades. Se estamos gerenciando um grande patrimônio, contudo, parte dele deve sim estar em imóveis, como forma natural de diversificação.

Um exemplo ilustrativo: a mãe de um amigo recebeu de herança 10 apartamentos em Copacabana, Rio de Janeiro, o que parece suficiente para uma vida bastante confortável. Contudo, num determinado momento ela não tinha dinheiro para pagar suas contas e estava endividada em diversos bancos. A explicação para isso era simples: se um patrimônio como esse não for bem administrado, os custos de manutenção acabam com o rendimento.

No caso, 3 dos imóveis não estavam alugados, em 2 os inquilinos estavam dando problemas e não pagavam o aluguel regularmente, e um deles era usado para moradia dela. Com isso, a renda dos outros apartamentos deveria pagar os custos dos vazios e as custas judiciais contra os inquilinos inadimplentes, além de pagar as contas pessoais.

CAPÍTULO 7 – QUE CASA PRÓPRIA COMPRAR?

No final das contas, meu amigo deixou o seu bom emprego como gerente de uma multinacional para botar as coisas em ordem: vendeu a maior parte dos apartamentos, criou uma carteira de investimentos segura e com bom rendimento, resgatado automaticamente todo mês. Esse processo tomou mais de 3 meses de árduo trabalho, especialmente na negociação com alguns inquilinos, processo de venda de imóveis etc.

Um argumento a favor de manter os imóveis seria que, se fossem bem administrados, poderiam render mais que a carteira que meu amigo montou. Contudo, nesse caso estaríamos violando uma de nossas principais premissas: a de que o dinheiro é um meio e deve trabalhar para nós, e não o contrário. Administrar bem uma carteira de imóveis significa despender um considerável tempo lidando com contratos, inquilinos, etc.

A solução alternativa, de deixar a carteira nas mãos de uma imobiliária, não muda muito o cenário: enquanto algumas das perdas de tempo são terceirizadas para a empresa, ainda assim há a necessidade de manter uma constante vigilância sobre o trabalho da imobiliária, além da incerteza sobre os rendimentos, já que problemas como a inadimplência não somem somente pelo fato de que se transferiu a responsabilidade do patrimônio para uma empresa especializada (embora esse tipo de empresa costume ser mais eficiente que um administrador individual e consiga diminuir a probabilidade de ocorrência de eventuais problemas).

A administração de uma carteira de investimento também demanda uma atenção e aprendizado, mas, normalmente, traz menos dores de cabeça do que uma carteira imobiliária, especialmente para aqueles não especializados em legislação. Muitas vezes, executivos me perguntam sobre a possibilidade de valorização de imóveis numa determinada área, e se eles deveriam comprar um terreno,uma casa ou um apartamento nessa localidade. Minha resposta é sempre a mesma: um imóvel como um ativo financeiro é arriscado.

Embora sempre pareça seguro e, na média, possa ser um bom investimento, não há nada que garanta que um imóvel específico numa determinada área se valorize. Mesmo que haja uma valorização em toda a cidade, não há garantias de que um imóvel específico traga ganhos para seu proprietário. Na verdade, em muitos casos, o imóvel funciona exatamente como a ação de uma empresa: o mercado pode subir, mas, às vezes, ele nos deixa para trás, pois exatamente aquela ação que compramos acabou não subindo. Ou o inverso: se fizermos uma boa compra, mesmo com o mercado em baixa, é possível que nossa ação, ou nosso imóvel, suba de preço. Mas isso é pura especulação e envolve riscos, o que torna a ideia de que imóveis são seguros incongruente.

Além disso, é sempre importante observar que imóveis têm baixa liquidez, e uma valorização pode ser difícil de ser realizada na prática, pois é preciso encontrar um comprador, executar a transação e pagar todos os custos. Em muitos casos, proprietários animados tentam realizar seus ganhos e colocam imóveis à venda somente para descobrir que fechar o negócio pelo "preço de mercado" é bastante difícil. Isso não quer dizer que imóveis não sejam bons ativos financeiros, mas é importante analisar seu impacto dentro de uma carteira de investimentos, considerando-se todos os seus custos e benefícios.

Quanto mais avesso ao risco é um indivíduo, mais importante é o imóvel dentro de sua carteira, pois o "amor ao tijolo" supera a falta de liquidez e os altos custos de transação. Mesmo assim, as regras acima continuam valendo: a melhor compra é aquela que congrega a necessidade de longo prazo da família, é feita quando há estabilidade nos planos familiares, é o melhor imóvel que pode ser adquirido, dada a renda **futura** da família, e não é comprado pensando-se no imóvel como ativo financeiro, pois a ideia é não vendê-lo durante um longo período. Se a compra for bem feita, será possível realizar o "sonho da casa própria" de forma eficiente: a família poderá usufruir do imóvel por um bom tempo sem se arrepender de uma compra feita num lugar ou tamanho que não sejam ideais.

A compra da casa própria é uma das mais importantes decisões financeiras que muitas famílias tomam e, portanto, deve ser feita analisando-se todos os custos e benefícios, inclusive aqueles ocultos e que normalmente são desconsiderados. O que é importante é tomar a melhor decisão com as informações disponíveis naquele momento: em muitos casos, mesmo tomando-se a melhor escolha, a incerteza do futuro acaba mudando os planos da família, mas isso não é um problema (por exemplo, uma família que está feliz numa cidade, com carreiras estabelecidas, pode decidir mudar, caso haja uma oferta inesperada — por mais que se planeje algo, é sempre importante deixar aberta a possibilidade de mudanças).

4 — Comprar imóveis financiados, com alavancagem máxima

Podemos fazer poucas boas dívidas no Brasil. Na verdade, enquanto na maior parte do mundo as pessoas podem se endividar de diversas formas, no Brasil estamos restritos a quatro categorias: imóveis, carros, educação e parcelamentos sem juros — essa última, uma idiossincrasia brasileira. Em alguns casos, empréstimos consignados também apresentam juros razoáveis. Como nossa taxa de juros ao consumidor é muito elevada, somente vale a pena se endividar com os que sejam subsidiados. Nesse caso, entram imóveis e educação. No primeiro caso, os juros são subsidiados pela alocação forçada de recursos da poupança para empréstimos imobiliários, enquanto no segundo, há subsídios públicos para que as famílias consigam galgar etapas educacionais, mesmo sem renda presente.

Automóveis apresentam juros baixos (embora muitas vezes maiores que os anunciados) como estratégia de mercado, assim como as famosas prestações em 3, ou 6, ou 10 vezes sem juros do comércio brasileiro. Nesses casos, vale a pena o endividamento, pois a taxa de juros livre de risco (composta pelos títulos LFT, como veremos adiante) é maior que os juros do financiamento. Isso significa que recebemos mais juros que pagamos por esses empréstimos e, por isso, são boas formas de endividamento.

No caso de imóveis, muitas famílias apresentam poupança forçada através do FGTS, que somente pode ser retirado antes da aposentadoria em casos especiais, como a compra de imóveis. Como os juros da prestação da casa própria são subsidiados e os que recebemos pelo FGTS são muito baixos, a estratégia de financiamento da casa própria ideal é composta das seguintes ações, todas contraintuitivas: dar a menor entrada possível, financiando, com isso, o maior valor que puder ser alcançado; usar ao máximo o FGTS; estender ao máximo o financiamento e utilizar ao máximo o FGTS para abater as prestações no futuro. Ou seja, alavancar o patrimônio, se esse é o objetivo, através de um bom endividamento, mantendo ao máximo a liquidez da família.

Vamos assumir uma família que tenha R$200.000 e queira comprar um imóvel de R$1 milhão. Se ela usar todo seu caixa como entrada, isso significa que a prestação ficará mais barata, mas a família ficará descapitalizada. Como é possível obter altos rendimentos sem risco no Brasil, uma carteira com títulos públicos renderá o suficiente para abater parte da prestação, sem que a família precise ficar com pouca liquidez. Nesse caso, o ideal seria financiar o maior valor possível e manter o resto numa carteira líquida e segura, abatendo as prestações, ao longo do tempo, com os recursos do FGTS.

A situação ideal, então, seria usar o saldo do FGTS como entrada, parcelar todo o restante e, de tempos em tempos, abater a dívida com o acúmulo do saldo do FGTS. E prestações decrescentes não são necessariamente a melhor escolha, como é argumentado em muitos outros livros. O melhor tipo de prestação é aquele que se adequa ao padrão de renda futura. Se a família está adquirindo um imóvel caro e sua renda presente é baixa, o ideal é manter a menor prestação corrente, com o aumento da renda tornando o peso da prestação menor no orçamento familiar futuro.

Caso a família esteja comprando o imóvel no seu pico de renda, contudo, o ideal seria a utilização de prestações decrescentes, diminuindo o peso sobre o orçamento futuro. De uma forma ou de outra, não vale a pena dar qualquer entrada que não seja a menor possível, de forma a manter liquidez como contrapartida a imobilidade da casa própria. Há um outro benefício, ainda, para essa estratégia. No pior cenário, se houver a morte do membro da família que adquiriu o financiamento, este é quitado, e o patrimônio passa para os herdeiros. Se a entrada foi a menor possível, os herdeiros recebem o fundo financeiro e o patrimônio imobiliário, em vez de somente o imóvel.

Amor ao tijolo no Brasil e na China

Andando às margens do Rio Huangpu, em Xangai (China) o que se vê é uma cena futurista de arranha-céus e edificações. Porém, ninguém imagina que metade desses apartamentos esteja vazia. Eles são comprados por investidores e especuladores e mantidos desocupados. Na China, estima-se que haja de 16 a 65 milhões de imóveis residenciais vazios. Cerca de 50% dos apartamentos em Xangai e 60% em Pequim estão nessa situação, enquanto há uma crônica falta de imóveis para dezenas de milhões de trabalhadores de baixa renda. Não há, tecnicamente, uma bolha imobiliária na China ou no Brasil. Mas é inegável: o rápido desenvolvimento dos últimos anos alterou a dinâmica do mercado imobiliário desses países.

A relação das pessoas com o imóvel é semelhante nos dois países. Há um "amor ao tijolo", ou seja, o desejo de adquirir imóveis para compor o patrimônio familiar. Para explicar isso, basta um olhar pela História. As crises sucessivas nesses países revelaram que poucos ativos mantiveram seu valor à exceção dos imóveis.

Na China, os imóveis vazios resultam de três fatores: a inexistência de impostos sobre propriedade, como o nosso IPTU; o baixo valor do aluguel; e a preferência por imóveis nunca habitados. Grande parte dos compradores chineses não gosta de imóveis já usados. Um apartamento "intacto" tem um prêmio de 50% ou mais. Além disso, não existem muitos custos de manutenção para manter o imóvel desocupado. Lá não há condomínio ou IPTU, por exemplo. E os custos de compra e venda dos imóveis são baixos, assim como as rendas provenientes do aluguel. Somando tudo, é melhor deixar o apartamento vazio. E lucrar na venda.

Segundo dados do Global Property Guide, os custos das transações imobiliárias no Brasil chegam a 11,5% do valor do imóvel e a renda de aluguel a 5,71% do valor do imóvel ao ano. Na China, esses valores são de meros 5,26% e 2,66%. No Brasil, os mercados financeiros são mais sofisticados que os da China, e as alternativas de investimento mais variadas. Ainda assim, a poupança familiar continua voltada para a compra de imóveis para moradia e também como parte estratégica do patrimônio familiar.

Aqui não existem imóveis vazios, em razão dos elevados custos de transação e manutenção. Por outro lado, o crescimento da demanda imobiliária — resultado da fascinação dos brasileiros com a casa própria, do crescimento econômico, do aumento de crédito e da diminuição das taxas de juros — levou à valorização estratosférica dos imóveis. O metro quadrado no Rio de Janeiro e em São Paulo se equipara, e até supera, em muitos casos, ao de Nova York e de Londres.

Tanto no Brasil quanto na China existe a preocupação com o impacto de uma crise imobiliária sobre o resto da economia. Segundo a consultoria GK Dragonomics, a construção civil residencial representa, sozinha, 6% do crescente Produto Interno Bruto (PIB) chinês — mesmo porcentual do Brasil, porém, considerando-se aqui o setor da construção civil como um todo.

Nos dois mercados, vários agentes esperam por uma crise ou, pelo menos, uma forte correção de preços dos imóveis. Não há bolha imobiliária nesses países, como houve no Japão nos anos 1990 ou nos Estados Unidos em 2007/2008, porém, uma desvalorização imobiliária pode afetar consideravelmente as economias brasileira e chinesa. Em ambos os países os imóveis urbanos são escassos — na China, vazios, e no Brasil, caros demais. Não há perspectiva de mudança de tendência no curto prazo, mas o desenvolvimento de ambos os países depende do fortalecimento do mercado imobiliário para abrigar uma crescente e exigente população urbana.

CAPÍTULO 8 — PATRIMÔNIO TEMPORÁRIO — MORANDO DE ALUGUEL PARA COMPRAR A CASA PRÓPRIA

Um dos mais interessantes paradoxos de finanças pessoais é o que mostra que pode ser melhor, para se adquirir a casa própria, morar de aluguel, especialmente num país no qual as taxas de juros para financiamento de imóveis são altas, como no Brasil. Normalmente, a estratégia da compra do primeiro imóvel é simples: poupa-se o mais rapidamente possível um montante para uma entrada, e financia-se o resto, de preferência com prazo longo, de cerca de 25 anos. Ao longo do caminho, tenta-se diminuir o saldo devedor de forma a antecipar o prazo de aquisição do imóvel. Essa estratégia faz sentido para o comportamento conservador de "amor ao tijolo", mas ignora o custo de oportunidade do dinheiro — ao se fazer uma prestação, a família está pagando juros. Se ela poupasse a diferença entre o valor da prestação e o aluguel, estaria recebendo juros em vez de pagar.

1ª Estratégia: Comprando a casa própria através do aluguel

Embora possa parecer estranho que uma estratégia alternativa para realizar o sonho da casa própria seja viver de aluguel, montar um plano de ação que envolva o aluguel de um imóvel com a poupança da diferença entre a prestação e o aluguel pode ser financeiramente mais benéfico que a compra parcelada da casa própria. A definição da estratégia é: determine o valor médio da prestação do imóvel que se pretende comprar, assim como o valor do aluguel do imóvel (ou seu equivalente mais próximo).

Durante o período do empréstimo para compra da casa própria (15, 20 ou até 30 anos), deve ser poupada, mensalmente, a diferença entre a prestação do imóvel desejado e o valor do aluguel do imóvel equivalente, sendo essa poupança colocada em títulos públicos ou em investimentos com baixo risco.

Como exemplo, vamos imaginar que nosso imóvel dos sonhos seja um apartamento em uma boa área da cidade do Rio de Janeiro, negociado por R$1.000.000,00. Uma simples simulação em sites de bancos mostra que o valor da prestação, para o caso de um indivíduo de cerca de 30 anos, que pague o imóvel por 25 anos em parcelas fixas, sem considerar os custos de transação (seguros, impostos de transferência, etc), é de R$10.099,15 (a uma taxa de juros efetiva de 12% ao ano).

Para o mesmo apartamento, o seu aluguel estaria na faixa dos R$4.000,00, o *rental yield* no Brasil, ou seja, a renda de aluguel, varia de 0,3% a 0,5% do valor do imóvel. Nesse caso, a estratégia de poupança através do aluguel deveria ser a de poupar a diferença entre a prestação e o valor do aluguel (nesse caso, de R$6.000,00). Durante o período de 300 meses, o valor poupado seria suficiente para comprar o imóvel, mesmo com o aumento do aluguel sendo maior que o aumento da prestação — o primeiro aumenta pela inflação ao consumidor, em média, enquanto o segundo pela TR (taxa referencial), sempre menor que a inflação.

Qual a vantagem dessa estratégia? A liquidez. Nesse caso, uma carteira líquida seria formada ao longo do tempo e a mudança de estratégia (ou seja, comprar a casa própria através de um financiamento) seria sempre possível, pois bastaria dar como entrada o montante poupado ao longo desse período. Esse plano é eficiente quando a taxa de juros livre de risco é alta e a taxa de financiamento imobiliária também é alta. No primeiro caso, uma alta taxa de juros livre de risco significa que o valor poupado mensalmente — a diferença entre o valor da prestação e o do aluguel — vai apresentar alto rendimento e, portanto, acumulará valor rapidamente.

No segundo caso, a alta taxa de juros do financiamento significa que o valor amortizado a cada mês é pequeno, e durante os primeiros anos o comprador estaria pagando, principalmente, juros, com o montante da dívida permanecendo quase constante. O gráfico abaixo mostra isso, ao visualizarmos o valor amortizado de uma dívida ao longo de um empréstimo de 25 anos (300 meses).

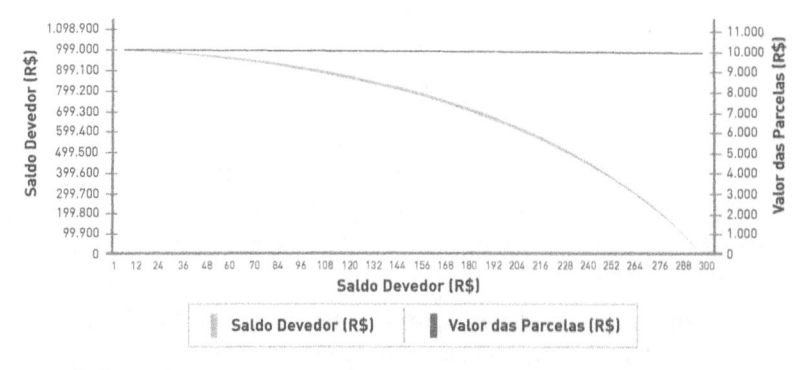

Gráfico 15: Evolução do saldo devedor e valor das parcelas para a compra da casa própria

Obs: valor financiado — R$1 milhão; simulação feita num grande banco, em maio de 2014, com CET (custo efetivo total) de 12,65% ao ano.

Claro que nenhuma estratégia em finanças é sem risco, e montar uma tática de longo prazo na qual se acumula investimentos financeiros para a compra de um imóvel traz consigo diferentes tipos de riscos. O principal deles é uma valorização excessiva do imóvel que se pretende comprar, resultando numa perda pela diferença entre a valorização do imóvel e da carteira financeira. Um das principais dificuldades em se estabelecer estratégias de longo prazo é definir o momento certo de entrada e saída. No caso da estratégia de compra via aluguel, a grande vantagem é que, a qualquer momento, é possível a troca da estratégia.

Mas é difícil definir se realmente vale a pena a troca de estratégia. É muito fácil a análise após fatos — o mercado brasileiro valorizou-se imensamente de 2007 a 2012, e quem entrou no mercado no momento certo conseguiu valorização muito superior a qualquer aplicação no mercado financeiro, mas, durante os 13 anos anteriores, o valor dos imóveis mal acompanhou a inflação, enquanto fundos de renda fixa, com baixíssimo risco, apresentavam rendimentos às vezes superiores a 20% ao ano, acima da inflação.

Além disso, essa estratégia requer uma disciplina financeira que falta na maioria das pessoas, pois, para muitos indivíduos, determinar uma quantia a ser poupada e fazê-lo ao longo de um período largo é um compromisso demasiadamente pesado. Ter uma prestação às vezes é mais fácil do que um compromisso, já que a prestação é uma obrigação, enquanto a programação de poupança é voluntária — todo mês há a tentação de menor poupança a ser compensada no futuro — que nunca chega, e a estratégia se esfacela.

A compra parcelada tem como vantagem a posse imediata do imóvel. Contudo, a propriedade somente é de fato transferida ao final do último pagamento e, durante o período do empréstimo, o imóvel não pode ser considerado como a casa própria, mas sim do banco que fez o empréstimo (fruto da garantia do empréstimo do imóvel e que é chamada de Alienação Fiduciária). A compra parcelada, por sua vez, tem como maior vantagem a flexibilidade, pois significa que a qualquer momento a família pode escolher mudar de estratégia, usando o dinheiro poupado para dar entrada no imóvel financiado.

A desvantagem da estratégia de compra via aluguel é a possibilidade da família ter que se mudar com prazo de 30 dias, através da denúncia vazia. Uma das vantagens da compra da casa própria é a segurança da família não ter que se mudar, a não ser que assim deseje. No contrato de aluguel essa segurança é menor. A desvantagem da compra via parcelamento é a inflexibilidade da decisão: caso a taxa de juros aumente ou a família decida mudar de vida ou de cidade, a compra da casa própria pode significar dificuldades nas mudanças de planos.

Qual a melhor opção? Depende. Em cenários de baixa taxa de juros e baixa incerteza sobre os planos futuros da família, a compra da casa própria é uma razoável estratégia financeira.

Com altas taxas de juros e possibilidades de mudanças familiares (mais filhos, mudança de carreira e país, etc), a poupança em ativos financeiros é mais indicada.

Prestações fixas ou atualizáveis?

O exemplo do imóvel de R$1.000.000,00 é demasiadamente simples. Na realidade, as escolhas do comprador são 3: a compra à vista, parcelamento com prestações fixas (que seguem o modelo Price), ou atualizáveis (modelo SAC — sistema de amortização constante), além de uma infinidade de combinações para compor uma carteira que tenha imóveis como parcela expressiva, além da decisão sobre o valor da entrada.

A principal diferença entre os dois métodos é que nas parcelas atualizáveis a amortização — ou seja, o pagamento do principal da dívida — é constante durante todo o período de vigência do contrato. Assim, um imóvel de R$1.000.000,00 a ser pago em 25 anos será amortizado em R$40.000,00 por ano. Por causa disso, as prestações são decrescentes, já que o valor amortizado é constante. São duas as vantagens desse método: em qualquer momento do tempo sabe-se o valor atual da dívida e as prestações são decrescentes.

Temos dois traumas em relação ao passado: o mau funcionamento do Sistema Nacional de Habitação e o fato de que havia a possibilidade de que, em determinados empréstimos, o valor da prestação — por causa de questões relativas à correção monetária, teto de prestações relacionado aos salários, etc. —, não cobria os juros e, portanto, a dívida não somente não era amortizada, como crescia ao longo do tempo.

Isso dava uma sensação de completa impotência para as pessoas que estavam nessa situação: embora pagassem uma prestação mensal, o valor da dívida aumentava e, em alguns casos, estava acima do valor do imóvel (caso similar, mas por outras razões, foi um dos estopins da crise financeira mundial de 2008). Hoje em dia, essa situação não pode mais acontecer, já que os modelos de empréstimos não permitem mais que as dívidas não sejam amortizadas, e a única forma disso acontecer é o atraso nas prestações, o que é seguido pela retomada do imóvel pela instituição financeira. Ainda assim, o sistema de amortização constante oferece um conforto, já que a qualquer momento sabemos o valor da dívida restante.

Além disso, o fato de que as prestações são decrescentes significa que o compromisso futuro com a compra do imóvel será menor que o presente, reduzindo-se a incerteza num prazo tão longo como o financiamento da casa própria. Normalmente, ao se comprar um imóvel, a renda presente é sabida, e espera-se que a renda futura seja maior, mas há incerteza quanto a isso. Como a maioria das pessoas tem uma grande aversão a risco, e, portanto, teme um decréscimo de renda futuro (perda de um emprego, doença, ou questões familiares), a ideia de se sacrificar mais agora, quando se tem noção da renda corrente, faz sentido. Além disso, é reconfortante pensar que em 5 anos a prestação será bem menor e há uma sensação de alívio em saber que o sacrifício será menor, mesmo que o valor dos juros, às vezes, seja o mesmo que os das prestações fixas.

No caso das prestações fixas, a vantagem é poder se planejar sabendo que a obrigação tem valor definido durante o período de duração do contrato, com pequena correção pela TR. Qual a melhor escolha? Se o ideal for viver sem patrimônio, como o autor do livro, então o ideal é morar para sempre de aluguel e criar uma poupança financeira na parte do pico da renda. Em relação ao financiamento, como já observado, a melhor prestação depende da fase em que a família se encontra no seu padrão de renda permanente. Caso a renda ainda seja crescente, prestações fixas são melhores, enquanto se ela está caindo, prestações atualizáveis (pelo modelo SAC) seriam o ideal.

CAPÍTULO 9 — COMO COMPARAR INVESTIMENTOS FINANCEIROS

As duas características principais de qualquer ativo financeiro são risco e retorno. Saber determinar cada uma dessas variáveis é um dos principais passos para que se possa montar uma carteira de ativos eficiente e que cumpra seu papel de se adequar ao nosso perfil de risco. A determinação do retorno de um ativo financeiro (e, aqui, a definição de um ativo financeiro é bem ampla, podendo ser um imóvel, a ação de uma empresa, a máquina a ser comprada por uma empresa, ou até mesmo uma nota de 50 reais) é uma composição de quatro características.

- Ganho de capital (A): a diferença de preço de compra e venda do ativo financeiro.
- Quase Renda (Q): o retorno periódico pela posse de um ativo financeiro.
- Custo de transação (C): os custos para se comprar e vender um ativo financeiro, assim como para mantê-lo.
- Liquidez (L): o grau de liquidez do ativo, ou seja, a facilidade de vender o ativo.

O ganho de capital (A) representa a variação no preço de um ativo ao longo do tempo. No caso de um imóvel, é a valorização, enquanto para a posse de dólares, é o aumento na taxa de câmbio. É importante observar que A pode ser negativo: um imóvel pode se desvalorizar, assim como a taxa de câmbio pode cair. Para um equipamento industrial, A é negativo todo período (e, nesse caso, se chama depreciação) e para uma conta poupança é zero (se uma pessoa depositar R$1.000,00 em uma conta poupança, ela terá o mesmo valor depois de um mês, o que muda são os juros recebidos, mas esses são a quase renda da conta de poupança). Ativos financeiros têm diferentes padrões de ganhos de capital, alguns sendo muito voláteis, como ações de uma empresa, outros com decrescimento estável (como no caso da depreciação de máquina), enquanto outros variam menos, ou mesmo não variam.

Um dos desvios comportamentais sobre finanças é a percepção de que alguns ativos financeiros sempre têm ganho de capital positivo, especialmente, no caso brasileiro, o dólar e imóveis. Esse fenômeno é conhecido como ilusão monetária e acontece quando não conseguimos determinar o verdadeiro aumento dos preços dos ativos financeiros, confundindo valorização real com valorização nominal.

A valorização nominal simplesmente é a variação de preços bruta, aquela que acontece quando um produto sobe de preço e temos que pagar mais por isso. Mas isso não significa que realmente esse produto ficou mais caro, pois se os outros produtos da economia também subiram de preço, só podemos afirmar que houve uma valorização real se o aumento de preços foi maior do que o aumento do nível geral de preços, ou seja, a inflação.

A quase renda de um ativo financeiro é o retorno periódico recebido pela sua posse. No caso de um imóvel, o aluguel; para uma caderneta de poupança, os juros; para uma empresa, os dividendos. É importante fazer a distinção entre o rendimento nominal e o real. No caso de um imóvel, a renda de aluguel é um percentual sobre o valor do imóvel. Assim, para um imóvel de R$500.000,00 alugado por R$2.000,00 por mês, a renda de aluguel é de 0,4% mensais, em termos brutos. Para uma empresa que distribui dividendos, a quase-renda é a relação entre o valor do dividendo por ação e o preço corrente da ação.

Determinados ativos financeiros não tem quase renda, como uma coleção de livros ou arte, ouro ou moeda estrangeira em espécie. A quase-renda pode ser pré ou pós fixada. No caso de um aluguel, o valor recebido é pré-fixado, mas o percentual depende do valor atual do imóvel. No caso de um título público, para aqueles atrelados à Selic, o rendimento é pós-fixado, enquanto para outros é pré-fixado. Para os atrelados à inflação, há dois componentes, um rendimento pré-fixado acima da inflação futura, portanto, pós-fixada.

Os custos de transação são aqueles custos pagos para comprar, vender ou manter ativos financeiros. Por exemplo, o retorno bruto de um imóvel de R$500.000,00 alugado por R$2.000,00 é de 0,4%, mas sobre esse montante incide imposto de renda, que torna a renda de aluguel menor do que 0,4% ao mês. O mesmo ocorre com os dividendos recebidos pela participação numa empresa, ou com os juros de aplicações financeiras, sujeitos a impostos sobre ganhos de capital. Somente no caso da caderneta de poupança isso não acontece, pois é isenta de impostos para períodos superiores a 30 dias.

Para ativos que não retornam quase-renda, os custos de transação podem ser particularmente importantes: a compra de ouro requer pagamento de taxas de manutenção anuais, assim como a diferença entre o preço de compra e de venda de dólares, por exemplo, pode ser de cerca de 5%. Outros ativos como ações têm diversos custos: taxas de custódia, corretagem, impostos sobre ganho de capital, etc. Imóveis também apresentam custos significativos de transação e, além disso, têm custos ocultos, como o custo de manutenção (pequenas obras), que são pós-fixados — tenho amigos que estão constantemente fazendo obras em suas casas, enquanto outros raramente mexem em seus apartamentos.

O prêmio pela liquidez mede a facilidade em transformar o ativo financeiro em moeda corrente — o ativo financeiro mais líquido da economia. Assim, depósitos bancários à vista são imensamente líquidos, pois podemos sacar o dinheiro a qualquer momento. A caderneta de poupança, por sua vez, é um pouco menos líquida, pois, ao sacarmos, perdemos o rendimento mensal. Uma ação é ainda menos líquida, pois só recebemos o dinheiro quatro dias depois, normalmente.

Um imóvel é ainda menos líquido, pois todo o processo de compra e venda (desde o anúncio até o recebimento do pagamento) pode durar 30 dias ou mais. Fundos de *private equity* e *venture capital* são muito pouco líquidos, pois um processo de investimento numa empresa até a saída dos investidores pode durar anos. Via de regra, quanto maior a liquidez do ativo, mais desejável ele é. Por isso, investimentos pouco líquidos tendem a oferecer maior taxa de retorno, em média, de forma a compensar a baixa liquidez. Uma carteira bem diversificada combina ativos pouco líquidos com aqueles com alta liquidez. Montar uma carteira somente com imóveis significa abdicar da liquidez, enquanto uma carteira somente com títulos de renda fixa significa abandonar potenciais taxas de retorno para manter acesso quase imediato à poupança.

Assim, investimentos financeiros apresentam uma combinação de quase-renda, potencial valorização, custos de transação e liquidez.

$R = A + Q - C + L$

Nosso erro, normalmente, está em associar somente uma ou duas das características acima a cada classe de ativos financeiros. Assim, o dólar apreciaria com o tempo, assim como um imóvel valorizaria e nos daria renda de aluguel. Uma ação que paga bons dividendos tem uma boa quase-renda, assim como uma caderneta de poupança tem alta liquidez e não paga imposto de renda sobre ganho de capital (baixo custo de transação). Contudo, normalmente esquecemos o outro lado da moeda: o dólar apresenta altíssimo custo de transação; um imóvel, baixíssima liquidez e altos custos de transação, uma empresa que paga bons dividendos pode apresentar baixa no preço da ação, e a caderneta de poupança tem baixa quase-renda.

A comparação de retorno entre ativos financeiros deve ser feita comparando-se todas as quatro características de retorno. Não há ativo melhor que outro, *a priori*, e uma boa estratégia combina diferentes ativos com diferentes perfis de retorno. A regra de ouro de vários livros de finanças é interessante: mantenha uma parcela dos investimentos com alta liquidez e somente então escolha ativos com baixa liquidez. A tese central dessa regra é que é sempre importante ter acesso rápido ao dinheiro, no caso de uma emergência. Assim, uma família deveria manter algo em torno de 3 meses (ou até 6 meses, para outros autores) de seus gastos em ativos líquidos e montar uma carteira menos líquida com os recursos restantes.

CAPÍTULO 10 — ERROS COMUNS EM MEDIR RETORNOS FINANCEIROS

O retorno passado não é garantia de retorno futuro

Essa é uma das frases que está em todos os prospectos de fundos de investimento, mas é uma das primeiras a ser esquecida no dia a dia. Nós temos uma grande tendência a tomar decisões de investimento olhando os retornos passados, em especial o passado recente. No mercado acionário, esse fenômeno tem o nome de **momento,** definido como a tendência de uma ação de continuar subindo se o seu preço subiu no período anterior e vice-versa.

Essa tendência não é absoluta, mas é um fenômeno observado empiricamente e é uma anomalia de mercado que as teorias de finanças tradicionais não conseguem explicar. É algo relacionado à finanças comportamentais e à nossa forma de ver o mundo, que olha somente para o passado. Assim, temos uma tendência em investir na Bolsa quando vemos que todos estão ganhando, ou colocar nosso dinheiro num fundo que apresentou melhor desempenho que seus pares. Isso vale também para imóveis: quando o mercado imobiliário está subindo, vemos esse mercado como algo mais atrativo. Mesmo depois de longos períodos de alta, continuamos achando que imóveis são excelentes investimentos.

Além disso, temos uma tendência de reescrever a história para justificar nossas decisões financeiras. Por exemplo, tenho um amigo que propaga, orgulhoso, o grande investimento que fez numa determinada ação, que subiu 800% nos últimos 15 anos. Contudo, o mercado de títulos públicos apresentou um retorno de mais de 1.500% nesse mesmo período, com retorno maior que praticamente todas as alternativas de investimento.

Na verdade, era muito fácil ganhar dinheiro quase sem risco no Brasil durante a década de 2.000, pois as taxas de juros estavam, em média, em torno de 12% ao ano acima da inflação. Era uma época de ganhos altos sem muito risco. Hoje em dia, contudo, a taxa de juros real no Brasil, para títulos públicos, está em torno de 2 a 3% ao ano. Ou seja, fundos de renda fixa que rendiam acima de 15% ao ano, livres de risco e de imposto de renda, hoje rendem 8% ao ano, brutos.

É importante sempre reavaliar as oportunidades financeiras de acordo com as expectativas futuras, não de acordo com o passado. Por exemplo, no jornal Valor de 26/08/2013, um anúncio de um grupo de incorporadoras tentava vender a ideia de um investimento imobiliário na região de Santo Amaro (SP), o argumento utilizado para vender o negócio como excelente investimento financeiro está resumido na figura abaixo.

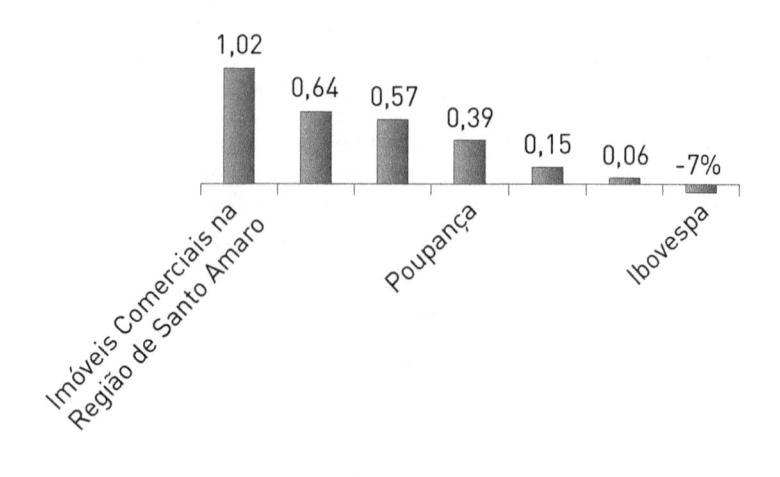

Gráfico 16: Valorização de diferentes ativos no período de 2008 a 2012

*período de 2.008 a 2.012.

A figura tem como título "Por que investir nessa região", mas o título correto deveria ser: "olhe a oportunidade que você perdeu ao não investir nessa região de 2.008 a 2.012". Ou seja, representa o retorno passado, mas nada garante que essa região continuará se valorizando no futuro. De fato, a não ser que essa seja realmente a região que definirá o futuro de São Paulo, a maior probabilidade é que o grau de valorização diminua.

Contudo, nada garante isso, e pode ser que essa região realmente continue se valorizando. Mas provavelmente, ao mostrar uma valorização muito acima da média durante o período de 2.008–2.012, as incorporadoras na verdade estariam mostrando que a maior valorização teria acabado e, portanto, não valeria a pena investir mais na região. Contudo, para sorte delas, a maioria das pessoas ignora que retornos passados não garantem retornos futuros, e ainda são chamadas pela valorização passada.

É difícil se desvencilhar das armadilhas que nossos processos cognitivos nos pregam. Nesse caso, ao vermos um anúncio mostrando uma excelente oportunidade, mesmo que passada, ficamos tentados a investir na região. Afinal, ninguém gosta de perder uma boa oportunidade. Obviamente, investir nessa área está longe de ser uma decisão racional, ao olhar os retornos passados.

Ainda bem que outras partes do anúncio estavam corretas e davam informações sobre o futuro do empreendimento, não o passado. Por exemplo, outra parte do anúncio dizia que o empreendimento era ao lado da futura estação de metrô Adolfo Pinheiro. Nesse caso, um investidor, se acreditasse que a estação iria beneficiar a região, poderia pensar numa alta probabilidade de valorização e, portanto, poderia investir no negócio.

Ainda assim, a informação sobre a futura estação do metrô era de conhecimento público há algum tempo, o que significa que provavelmente parte da valorização excessiva do período 2.008–2.012 pode ser explicada por ela. É um exemplo do ditado de que ações sobem no boato e caem no fato. Ou seja, as expectativas podem explicar o crescimento acelerado do preço de um ativo financeiro, mas, se elas não se confirmarem totalmente, no momento em que o fato se realiza, o preço do ativo cai, pois não há mais expectativa que explique um aumento acima da média. No final das contas, o importante é separar as informações que realmente importam para a variação do preço de um ativo, e o retorno passado não é uma delas.

Ilusão monetária

Um dos exemplos de erros na mensuração de retornos financeiros é a ilusão monetária, fenômeno que acontecia quando, por exemplo, tínhamos uma conta corrente que sofria correção monetária na época de uma inflação mensal de 30%. Assim, se houvesse 10.000 cruzados na conta, no mês seguinte, teríamos 13.000. Isso dava uma sensação de aumento de riqueza, mas, na verdade, se a inflação foi de 30%, isso não significava qualquer aumento real, e houve, durante esse mês, a simples reposição da inflação.

Na verdade, durante muitos meses a correção monetária era diária e, ao mesmo tempo que reclamávamos do aumento diário de preços de quase todos os produtos, nos sentíamos aliviados pelo aumento patrimonial, percebido em algumas aplicações financeiras — muitas pessoas se lembram com carinho do *overnight*, aplicações em títulos com rendimentos reais diários. Por causa disso, também o preço dos outros ativos financeiros, incluindo-se imóveis, subiam constantemente. Contudo, era difícil avaliar se o aumento no valor desses ativos era real ou não, pois somente enxergávamos os aumentos nominais. Até hoje, muitas famílias acreditam na valorização nominal de diversos ativos financeiros que, na verdade, são voláteis, como moedas estrangeiras, e mantêm dólares como ativos financeiros.

Em várias aulas de Macroeconomia, durante os anos de 2.002 a 2.008, quando o dólar caiu de R$3,99 para R$1,54, havia questões relativas ao ponto de compra de moeda estrangeira. Não era hora de comprar e guardar dólares em casa? Afinal, se o dólar caiu de R$3,50 para R$3,00, ele eventualmente iria voltar a esse patamar, certo? Ou então quando o dólar finalmente voltou ao patamar de R$2,00 — claramente, não podia baixar mais, certo?

A minha resposta era sempre a mesma: o dólar, como muitos ativos financeiros, podia continuar baixando ou subir, e, a não ser que fizéssemos previsões baseadas em modelos complexos, era impossível prever a trajetória da moeda. Mesmo assim, vi muitas famílias que acumularam a moeda durante anos, comprando dólar quando a moeda chegou a R$3,00, um pouco mais quando baixou para R$2,50 e ainda mais quando chegou a R$2,00. Essa crença no aumento contínuo do preço da moeda norte-americana estava arraigada na nossa mentalidade hiperinflacionária, e, somente hoje, depois de anos com a moeda constantemente abaixo ou ao redor de R$2,00, estamos conseguindo nos livrar do trauma da ilusão monetária em relação ao dólar.

Quando os custos de transação são realmente importantes: Checando a taxa de administração

O que fazer quando seu gerente lhe aconselha mal? Esse caso, infelizmente mais comum do que deveria ser, aconteceu com um executivo de uma média empresa do Rio Grande do Sul. Numa aula de finanças, estávamos conversando sobre os diferentes fundos de investimento e sobre como cada um se adequa ao perfil do investidor. No caso dele, esse perfil era bastante conservador, e, por isso, ele deixava a maior parte da sua poupança num fundo de renda fixa de curto prazo.

O problema foi que, sob os conselhos do gerente, ele tinha movido R$50.000,00 para um fundo cujo valor inicial de depósito era de R$500,00. O banco oferecia outras opções praticamente iguais, com uma diferença: depósitos mínimos que variavam de R$500,00 a R$100.000,00. O impacto dessa diferença? A taxa de administração de cada fundo — para o fundo com depósito inicial de R$500,00 chegava a 3,0% ao ano, caindo para 0,75% para o fundo com depósito inicial de R$50.000,00.

Ou seja, somente pelo fato de escolher o fundo com a taxa de administração mais alta, esse executivo passou a pagar R$1.125,00 a mais, por ano, de custos de transação. Embora todos esses fundos tivessem quase o mesmo rendimento bruto e o mesmo nível de risco, o retorno líquido do executivo era muito mais baixo, pelo fato de que a taxa de administração do fundo escolhido era muito mais alta. Gestores ricos e investidores pobres, não necessariamente uma realidade como alguns artigos de revistas especializadas chegaram a proclamar, mas, ainda assim, deve-se tomar muito cuidado com as taxas de administração, que podem comer a rentabilidade de muitos tipos de fundos de investimentos.

Moral da história: o executivo transferiu todo seu portfólio para outro banco, investindo em fundos com taxas de administração mais razoáveis, mas com características similares aos fundos que tinha. Ele não queria mais riscos, ou maiores retornos, mas simplesmente conseguiu maior rentabilidade líquida ao abandonar produtos com altas taxas de administração.

Medindo a liquidez em dias

No mercado financeiro, as medidas de liquidez dos fundos de investimentos se traduzem em termos de quantos dias são necessários para se vender o ativo e receber o dinheiro. Assim, existem fundos que vão de D+0 até D+180. No primeiro caso, o fundo é extremamente líquido, e o cotista consegue receber o dinheiro no mesmo dia da ordem de venda, se o mercado estiver aberto. Esse é o caso de determinados fundos de renda fixa, cujos investimentos são realizados em títulos públicos que podem ser vendidos a qualquer momento, já que o mercado de títulos no Brasil gira mais de R$10 bilhões por dia.

Para o tesouro direto, no qual os investidores compram títulos diretamente do governo, a liquidez é um pouco menor, pois só existe um dia por semana para vendas, toda quarta-feira. Alguns fundos de ações *Small Cap* (empresas com baixa capitalização de mercado, ou seja, empresas pequenas e médias listadas em Bolsa) têm liquidez muito menor, em até 180 dias, porque essas empresas apresentam pouca negociação diária. O gestor do fundo, ao receber uma ordem de venda, somente a executa quando encontra uma oportunidade, que pode demorar a acontecer e, por isso, o prazo de 180 dias para resgate. Fundos de ações de normais, por sua vez, têm como padrão de liquidez D+4, ou seja, o investidor somente recebe o dinheiro pelo valor da sua cota quatro dias depois. Cada fundo de investimento tem suas peculiaridade, e no prospecto, consta-se o prazo de resgate.

O dólar como ativo financeiro: Mais um trauma do passado

Na década de 1980 e início dos 1990 havia uma expectativa de desvalorização diária da nossa moeda, fosse ela o cruzado, o cruzado novo, o cruzeiro real ou outra das nossas tão criativas criações monetárias, o que significava que o preço do dólar aumentava diariamente. Um dos princípios de finanças é de que para uma carteira equilibrada, uma parcela dos ativos financeiros deve ter excelente liquidez. No Brasil, o dólar tinha algumas funções importantes no período inflacionário: servia como ativo financeiro líquido, padrão de conta, e permitia algumas transações em valores elevados, como compra de imóveis e automóveis.

No primeiro caso, com a inflação galopante, era impossível guardar a moeda brasileira em casa, pois a desvalorização da mesma faria com que rapidamente perdesse todo o valor. Por isso, muitas pessoas mantinham expressivas quantidades de dólares em casa — assim, podiam ter sempre em mãos dinheiro, já que acreditavam, que não iria perder seu valor. Além disso, embora a moeda norte-americana não fosse oficialmente a moeda corrente do Brasil, muitos pensavam, intuitivamente, no dólar como o padrão de referência de preços.

O grande problema era que os preços, em moeda local subiam quase diariamente, o que tornava impossível saber qual era o valor justo dos produtos na economia brasileira. Como saber, então, se algo estava caro ou barato, se os produtos podiam subir mais de 30% ao mês (a inflação chegou aos 82%, no mês de março de 1990). Enxergávamos a valorização nominal, mas nossas decisões econômicas deviam ser baseadas no valor real dos produtos, que era praticamente impossível de visualizar no período inflacionário.

O mecanismo mental que usava o dólar para tentar medir o valor real dos produtos funcionava assim: não sabíamos o valor do produto em cruzados (ou cruzeiros, cruzados novos, etc), mas tínhamos uma ideia do valor dos produtos em dólar. Por exemplo, um quilo de feijão custava algo em torno de U$1. Todo dia, acompanhávamos o valor da taxa de câmbio para termos noção do valor real dos produtos.

Se, num determinado dia, a taxa de câmbio fosse de 3.500 cruzados por dólar, nosso modelo mental nos dizia que o preço justo de um quilo de feijão era, naquele dia, de 3.500 cruzados. Se fôssemos ao supermercado naquele dia e encontrássemos o feijão sendo vendido a um preço abaixo disso, considerávamos que o produto estava barato, e tínhamos uma tendência a estocá-lo.

Como manter os preços nominais em linha com os preços reais era difícil tanto para os vendedores quanto para os consumidores, surgiram vários mecanismos para impedir que tanto uns quanto outros aproveitassem a assimetria de informações gerada pelo custo de remarcação e manutenção de um sistema de preços que fizesse sentido na sociedade, por isso, foram criados limites para compras de determinados produtos (principalmente os que pudessem ser estocados em casa), a rapidez de remarcação aumentou (em nenhum momento a assimetria de informações era tão evidente quanto na corrida contra os remarcadores); e, para transações de maior valor, usávamos o dólar como meio de pagamento.

Muitas pessoas estocavam em casa a moeda norte-americana para ter liquidez, e o fato do dólar ser um porto seguro nas crises cambiais dos anos 1980 e início dos 1990 faz com que a moeda americana ainda exerça fascínio para uma parcela da população brasileira. Mas, vale a pena investir em ativos em dólar, como fundos cambiais, moeda estrangeira em espécie, ou mesmo imóveis no exterior?

Na verdade, somente faz sentido manter ativos em moeda estrangeira se a estratégia de longo prazo da família contemplar algum tipo de passivo externo. Assim, se há a pretensão de aposentadoria no exterior, a maior parte dos ativos deve ser mantida em moeda estrangeira. A forma ideal, se há desejo de se livrar do risco cambial, é combinar passivos e ativos em moeda estrangeira: se o desejo da família é passar parte considerável do ano no exterior, deve-se manter uma proporção entre poupança no Brasil e fora.

Além dos casos em que há passivo externo (cursos no exterior, viagens frequentes, compras consideráveis, etc.), não há razão para manter ativos em moeda estrangeira. Afinal, se a perspectiva é morar no Brasil para sempre, mesmo que haja uma crise, é mais importante ter ativos no país do que acrescentar mais um risco à carteira, no caso, o risco cambial.

Imóvel como ativo financeiro

No capítulo anterior vimos que a compra da casa própria não deve ser uma decisão tomada pensando em imóveis como ativos financeiros. Contudo, numa carteira diversificada, a presença de imóveis é fundamental (vamos ver mais a frente que a correlação entre o preço de imóveis e outros ativos financeiros é razoavelmente baixa, o que os torna uma classe de ativos relevante para a gestão de riscos de uma carteira). Como qualquer ativo financeiro, o retorno pela compra de imóveis é dividido em $R = A + Q - C + L$.

A valorização do preço do imóvel (A) depende de uma quantidade grande de fatores: localização, tamanho, disponibilidade de crédito, etc. Na nossa turbulenta história, muitos mantiveram valor ao longo das décadas, porém, perderam em diversos períodos, em termos de valorização, para ativos financeiros. O retorno do aluguel de um imóvel (Q), no Brasil, é baixo, e normalmente menor do que a inflação. É muito difícil conseguir um retorno mensal acima de 0,5% ao mês e, portanto, a taxa anual de aluguel, de menos de 6% ao ano, raramente, supera a inflação. Imóveis apresentam ainda altos custos de transação (todas as taxas para executar operações de compra e venda) e baixa liquidez.

Como imóveis podem ser comparados a outros ativos financeiros? Uma boa forma de comparação é com títulos públicos.

No passado, títulos públicos já renderam mais de 20% ao ano acima da inflação, mas em 2012 chegaram a 2% ao ano acima da inflação (um bom exemplo é a série NTN-B, corrigida pelo IPCA). Em 2013, o rendimento real das NTN-B estava em torno de 5% a 6% acima da inflação (em média, 6% ao ano).

Já que o rendimento de aluguel normalmente não supera a inflação, o valor de um imóvel como ativo financeiro está baseado na perspectiva de seu aumento de preço. Aqui temos o primeiro resultado contraintuitivo: a renda de aluguel não é tão relevante. Ter ou não um imóvel por causa do aluguel não faz diferença num país com inflação de 5–6% ao ano e 5–6% de juros reais. Deixar de pagar aluguel não é, no Brasil, uma estratégia que faça sentido do ponto de vista **financeiro.** Um imóvel como ativo financeiro depende, para ter alto retorno, da valorização do seu preço.

E isso não é garantido. Tivemos um grande período de apreciação no preço dos imóveis, de 2007 a 2012, com muitas pessoas achando que estaríamos vivendo uma bolha imobiliária, porém, entre os períodos de 1994 a 2007, o preço dos imóveis não acompanhou a inflação.

Como os custos de transação são altos, a compra de um imóvel para especulação depende do grau de apreciação do preço. A grande questão é o nível de risco: enquanto um título público pré-fixado apresenta retorno garantido da taxa SELIC (menos a inflação) e títulos corporativos de dívida também apresentam garantias de rendimento, a variação do preço de um imóvel é incerta, como não são padronizados, mesmo numa mesma região, os preços podem variar bastante. Ainda, para realizar ganhos, os imóveis devem ser vendidos em algum momento.

Especular com imóveis não é diferente de especular com diversos outros ativos financeiros, como ações: os ganhos dependem da flutuação de mercado. E essa é a grande lição: enquanto as pessoas costumam enxergá-los como algo seguro, perto de uma poupança, na verdade estão perto de ações ou títulos com algum grau de risco, que dependem da valorização do preço para apresentar retornos acima da inflação.

No final das contas, nossa ideia de que imóveis são seguros e são bons investimentos está errada. Imóveis são investimentos de risco, que, às vezes, são elevados, e ganhos passados não significam ganhos futuros.

CAPÍTULO 11 — GESTÃO DE RISCOS

Se fomos traumatizados no passado pela época de hiperinflação, e, por isso, mesmo depois de 20 anos, ainda não sabemos tomar decisões racionais de planejamento financeiro de longo prazo, sabemos menos ainda sobre como medir riscos no sistema financeiro. Isso porque nosso trauma na área de gestão de risco acabou há muito menos tempo do que no caso do trauma da inflação.

Na verdade, até o final da primeira década do século XXI, a taxa de juros brasileira era tão alta, que tornava irrelevante a mensuração de risco para outros ativos financeiros. Criamos, depois da estabilização do Plano Real, uma outra cultura: a cultura da renda fixa, com taxas de juros que chegaram a mais de 40% ao ano, em termos reais (em 1998), porque precisaríamos investir em qualquer outra coisa.

É por isso que ainda hoje temos uma tendência a ativos de renda fixa: normalmente são mais seguros e, ainda por cima, apresentam elevados retornos. O brasileiro típico tem, então, dois grandes traumas que o leva a tomar decisões de poupança de longo prazo com pouca racionalidade: o período hiperinflacionário e o das altas taxas de juros.

Fazemos péssima gestão de risco. Achamos que imóveis têm sempre tendência de alta, que poupança é o investimento mais seguro e que ações são os mais arriscados. Não sabemos medir os riscos dos ativos financeiros de forma a determinar graus de comparação. Também temos forte aversão a perdas, odiamos realizar prejuízos e achamos que é sempre possível recuperá-lo, esperando que o ativo volte ao seu "preço normal".

Tudo isso é natural, pois o risco é a descrição matemática da incerteza, que, por sua vez, é uma característica do universo. O preço de mercado de uma ação não pode ser conhecido por antecipação, por exemplo. Se tomarmos como base a economia brasileira, o grau de incerteza no período hiper-inflacionário era tão grande, que era impossível definir de forma eficiente modelos de gestão de risco. E essa sensação permanece até hoje.

Só que o Brasil mudou, e podemos hoje, sim, medir o retorno futuro esperado de ativos financeiros, através de técnicas de gestão de risco. O grau de incerteza da economia diminuiu, afinal. Mas ainda sabemos pouco como parametrizar eventos incertos. Por exemplo, no Brasil uma das razões para que haja uma poupança elevada é a possibilidade de doenças na família, por exemplo, com elevados gastos potenciais. Uma pergunta que normalmente não fazemos é: qual a probabilidade de um evento como esse acontecer nos próximos cinco anos? Se acontecer, quais os gastos esperados? Sem essas respostas, não temos como determinar estratégias de gestão de risco de carteiras familiares de forma eficiente.

A análise de risco é o processo pelo qual são relacionados eventos de risco, impactos sobre os objetivos ou resultados desejados, e as probabilidades de se concretizarem. Neste capítulo, vamos analisar como determinar uma classificação de risco para ativos financeiros, de forma que possamos montar uma carteira ideal que combine a melhor relação risco/retorno para uma família.

A base da gestão de risco — A taxa de juros livre de risco

O modelo de portfólio de finanças tem como base um conceito simples e extremamente importante, que é o da taxa de juros livre de risco. Essa taxa é o retorno que um investidor pode ter sem qualquer risco ao aplicar no ativo representativo. De outra forma, é o mínimo que um poupador recebe para emprestar o seu dinheiro, de forma racional.

É racional deixar o dinheiro parado no banco, sem remuneração? É claro que não! Todos nós sabemos que dinheiro parado somente faz o banco rico. Qual a taxa de juros livre de risco no Brasil, e qual o ativo financeiro que a representa? A resposta é a SELIC e a LFT. A SELIC é a base da taxa de juros livre de risco, porque é a taxa básica que o governo, através do COPOM — Comitê de Política Monetária —, determina como meta para os títulos públicos de curto prazo.

Os títulos públicos são títulos de dívida do governo e funcionam como um empréstimo da sociedade para o Estado. Assim como ao precisarmos de dinheiro, recorremos aos bancos, o governo pede dinheiro emprestado à sociedade para financiar o déficit público. Assim como pagamos juros aos bancos, o governo remunera os agentes econômicos através da taxa SELIC. Assim, a SELIC é uma taxa de juros como outra qualquer, com a diferença de ser determinada pelo próprio governo (ah, quem dera pudéssemos escolher a taxa de juros que pagamos aos bancos!) e é a taxa de juros livre de risco.

Mas, por que livre de risco? A SELIC é a taxa básica da economia, porque o governo apresenta a melhor garantia possível dentre todos os agentes econômicos: o poder de imprimir moeda. Ou seja, para a dívida pública em reais, o governo nunca pode ficar sem dinheiro; em última instância, pode sempre imprimir reais e pagar os detentores de títulos públicos. Isso não quer dizer que o governo abuse desse poder, afinal, imprimir indiscriminadamente moeda, gera inflação, como bem sabe quem viveu no período de hiperinflação das décadas de 1980 e 1990. Essa garantia não é usada, mas é a melhor garantia que um investidor pode querer. Por isso, muitas vezes, chamamos a SELIC de taxa de juros básica da economia — como o governo pode dar a melhor garantia possível, por que alguém faria qualquer empréstimo por uma taxa menor que essa?

Na composição de uma carteira de ativos financeiros pessoais, também devemos levar em conta que a remuneração esperada mínima de um ativo financeiro deve ser a taxa de juros livre de risco. Isso porque no Brasil, diferentemente da maioria dos países do mundo, os pequenos investidores conseguem ter acesso direto a investimentos em títulos públicos que remuneram sua carteira, no mínimo, à taxa de juros livre de risco.

O ativo financeiro que podemos comprar e que nos remunera à SELIC é representado pelas Letras Financeiras do Tesouro (LFT). Ao comprarmos LFTs, estamos adquirindo um título público com remuneração diária, com base na taxa SELIC anual. Essa remuneração diária positiva é o que torna o título livre de risco — afinal, não há como perder dinheiro se todo dia há um aumento no valor das LFTs. E como podemos adquirir esses títulos? No Brasil, diferentemente da maioria dos países, investidores individuais têm acesso direto à compra de títulos públicos, através do Tesouro Direto (www.tesourodireto.gov.br).

Para comprar títulos, basta ter uma conta numa corretora e se cadastrar no site. Isso feito, ao comprar LFTs, um investidor adquire um ativo financeiro cujo rendimento bruto será a taxa SELIC, pós-fixada, ou seja, com rendimento diário baseado na SELIC vigente (que pode mudar, normalmente, 8 vezes por ano, nas reuniões do COPOM, que ocorrem uma vez a cada 90 dias). O rendimento líquido de compras no tesouro direto depende de outras variáveis, como a taxa da corretora (normalmente de 0% a 0,5% ao ano) e do imposto de renda sobre ganhos de capital (que é decrescente, dependendo do período de investimento).

De qualquer forma, a principal informação que a SELIC nos dá é a de que é o menor rendimento bruto que um investidor consegue, sem risco, no mercado brasileiro. É o grande custo de oportunidade dos mercados financeiros no Brasil. Assim, não deveríamos investir em nenhum ativo financeiro que apresentasse um rendimento esperado menor que a SELIC. Vamos tomar como exemplo a caderneta de poupança. Ela rende cerca 6% ao ano, se a SELIC estiver acima de 7,5% ao ano, fechou 2013 em 10% ao ano. Isso significa que, ao comprar LFTs, um investidor teria esse rendimento.

A caderneta de poupança estaria rendendo 6%. Ambos são investimentos sem risco, com duas ressalvas. A primeira: existe um risco mínimo na caderneta de poupança, que é a de falência bancária, mas é um risco muito pequeno (ainda menor é um novo risco de confisco da poupança). Em segundo lugar, a caderneta de poupança não tem custos de transação, ou seja, não apresenta imposto de renda sobre ganhos de capital, ou custo de corretagem.

Ainda assim, mesmo assumindo o teto de custos de transação das LFTs, o rendimento líquido desses títulos vai ser sempre maior que o da caderneta de poupança. Uma vez que as LFTs apresentam risco zero, isso significa que nunca deveríamos ter qualquer quantia na caderneta de poupança, o que deixa os economistas intrigados — a forma como as pessoas conseguem agir de maneira a perder dinheiro, ao deixar num ativo ultrapassado, quantias expressiva.

Em junho de 2013, o estoque de recursos de brasileiros na caderneta de poupança somava astronômicos R$538 bilhões.[12] Mais de meio trilhão de reais num ativo financeiro completamente ultrapassado. Mesmo que a diferença entre o retorno líquido das LFTs e o da caderneta de poupança seja de somente 1% ao ano (e normalmente é mais), isso significa que todo ano os brasileiros que detêm recursos na poupança, jogam fora — ou melhor, nos bolsos dos bancos — mais de R$5 bilhões!

Qual a importância da taxa de juros livre de risco? Vamos imaginar que um empresário queira definir a rentabilidade da sua empresa. Um dos melhores métodos é o EVA — *economic value added*. Nessa metodologia, o retorno da empresa é comparado ao seu custo de capital que, por sua vez, depende da taxa de juros livre de risco. Para um pequeno empresário, isso pode ser ainda mais simples: se o retorno da minha empresa não for pelo menos igual à taxa de juros livre de risco, a empresa deve ser fechada e o patrimônio do empresário deve ser usado para comprar LFTs.

E na compra de um imóvel? Mesma coisa: a não ser que se espere que o imóvel renda mais que a taxa de juros livre de risco, pegue o dinheiro e compre LFTs. É a razão pela qual muitas pessoas preferem viver de aluguel, especialmente se a relação aluguel/valor do imóvel for baixa e a taxa de juros for alta. Assim, qualquer comparação entre risco/retorno de ativos financeiros tem como base a taxa de juros livre de risco. É ela que vai medir o custo de oportunidade de adquirir outros ativos financeiros.

Nos EUA, por exemplo, a taxa de juros livre de risco é historicamente baixa, e, por isso, as famílias criaram uma cultura de

---

[12] http://www.ecofinancas.com/noticias/poupanca-registra-junho-maior-captacao-liquida-serie-historica/relacionadas

investir em outros ativos que não títulos públicos. O mesmo se dá na Europa. No Brasil, é diferente. Como a taxa de juros livre de risco é uma relativa novidade no país, e foi alta durante todo o período de sua existência na sua versão moderna, ou seja, desde o Plano Real, criamos uma cultura da renda fixa — algo que vai continuar enquanto a taxa de juros for alta. Essa cultura é revelada não somente pelos investimentos em títulos públicos, mas também por ativos que têm como base esses títulos como fundos de previdência, CDBs, etc.

E essa cultura faz todo o sentido do mundo, se colocarmos em prática a taxa de juros livre de risco como base de gestão de risco na comparação de ativos financeiros. Vamos imaginar investimentos em bolsa de valores. Vale a pena investir na bolsa? Depende do retorno esperado. No Brasil, no passado, a Bolsa de Valores chegou a render mais de 100% ao ano, e é por isso que ainda é atrativa para muitas pessoas.

Na verdade, só vale a pena investir na Bolsa se imaginarmos que o retorno esperado será maior que a taxa de juros livre de risco. Se a SELIC estiver em 10%, e se acharmos que a Bolsa não vai atingir 10% de aumento nesse ano (no seu retorno total, apreciação de preços, A, mais dividendos, Q), então vale mais a pena buscar títulos públicos.

Se enxergarmos um grande *upside*, ou alta probabilidade de aumento acima de 10%, vale a pena investir na Bolsa. A taxa de juros livre de risco funciona como o grande custo de oportunidade da economia, e ela deve ser comparada a TODAS as alternativas de investimento. Você é sócio de uma empresa? Se o retorno em dividendos e crescimento patrimonial não remunerar pelo menos a taxa de juros livre de risco, é um mau negócio continuar dono do negócio.

Vai comprar um imóvel? Se a possível valorização não remunerar a taxa de juros livre de risco menos a renda de aluguel, não vale a pena. E isso vale para todos as alternativas de investimento da economia. É por isso que uma carteira de investimentos deve ter vários tipos diferentes de produtos financeiros, mas, para que isso seja feito de forma eficiente, deve ser feita uma análise de portfólio.

Prêmio de Risco

Um dos conceitos fundamentais para comparar perfis de risco de diferentes ativos financeiros é o de prêmio de risco. Esse conceito toma como base a taxa de juros livre de risco e é expresso da seguinte forma: quanto acima da taxa de juros é o retorno esperado de um ativo financeiro para compensar o risco de tê-lo em sua carteira. O retorno de um investimento financeiro é a compensação por dois efeitos: paciência e risco.

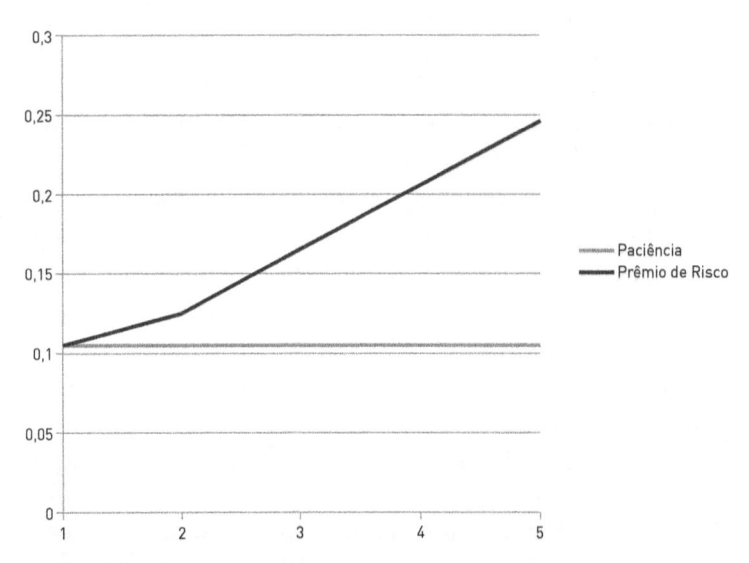

Gráfico 17: Prêmio de risco em investimentos financeiros

O efeito paciência é a taxa de juros livre de risco. Se investirmos em LFTs, somos remunerados por essa taxa sem correr riscos, que, no gráfico acima, supomos constante durante o período. O prêmio de risco, então, é a compensação por adquirirmos um produto financeiro que não LFTs. Mesmo outros títulos públicos apresentam algum risco (não de crédito, mas de queda de preços) por mudanças na estrutura, a termo da taxa de juros.

Assim, ao adquirir um imóvel, para que essa compra faça sentido financeiro, temos que esperar um rendimento maior que a

SELIC, mas sabemos que estamos sujeito aos riscos inerentes nesse tipo de investimento, como queda de preços, liquidez, etc. No gráfico, o prêmio de risco aumenta com o tempo, o que significa que o retorno ao longo do tempo deve ser ainda maior para compensar o risco de manter o ativo em carteira.

É por isso que as ações podem ser muito lucrativas no longo prazo, pois esse prêmio de risco é crescente no tempo. É isso que faz com que, se um investidor hipotético tivesse colocado U$1 no mercado acionário norte-americano em 1925, antes da crise de 1929, ainda assim ele teria cerca de U$3.000 em 2013. Se tivesse colocado em títulos públicos americanos de curto prazo, esse mesmo investidor teria somente cerca de U$20, enquanto a inflação acumulada nesse período foi de 1.100%, o que significa que U$1 em 1929 seria o equivalente a U$12, em 2013.

No mercado mundial, geralmente utiliza-se como *proxy* da taxa livre de risco, a remuneração de um título emitido pelo tesouro americano no prazo de 10 anos. Mas qual o risco que um indivíduo corre ao comprar ativos financeiros que não a LFT? Até aqui falamos em risco como algo abstrato, mas, para indivíduos, podemos classificar os principais em: liquidez, preço e contraparte.

Risco de liquidez representa o período em que o ativo financeiro não pode ser liquidado sem significativas perdas. Assim, imóveis, participações societárias, CDBs, títulos de capitalização, entre outros ativos apresentam elevados riscos de liquidez. Ações, por sua vez, apresentam alta liquidez, e é sempre possível vendê-las ao preço de mercado, a não ser no caso de algumas pequenas e médias empresas. Uma das razões que muitas empresas buscam IPOs (lançamento de ações) é permitir que alguns sócios consigam monetizar sua participação acionária, já que ser sócio de uma empresa de capital fechada apresenta elevado risco de liquidez.

Risco de preço está relacionado ao fato de que muitos ativos podem ter significativa perda patrimonial. Esse é o caso das ações, por exemplo. Em um país que experimentou um *boom* no mercado de ações nos últimos 20 anos, nossa experiência com quedas de preços desses ativos é pequena. Vejamos o caso das ações preferenciais da Petrobras, que, em 2007, chegaram a mais de R$50. Em janeiro de 2014, o preço oscilava na casa dos R$15 — menos de um terço do valor no seu teto histórico.

No período, o lucro da empresa aumentou, mas a razão dessa queda está relacionada às expectativas do futuro: em 2007, imaginava-se que o preço do petróleo iria rapidamente bater a casa dos U$200 e a Petrobras iria ser capaz de extrair rapidamente os recursos recém-descobertos do pré-sal. Desde então, o preço do petróleo apresentou queda e posterior estabilidade, e o pré-sal se tornou caro e difícil de realizar. Somados a isso, há o congelamento do preços dos combustíveis, que faz com que a empresa importe alguns derivados a preços acima do que cobra no mercado brasileiro, e o futuro da empresa se tornou muito menos atraente.

O resultado é uma queda vertiginosa no preço das ações. Esse risco de preços vale para muitos ativos financeiros considerados "seguros". Vamos ver mais adiante que alguns títulos públicos têm risco de preço. Em julho de 2013, alguns fundos de renda fixa apresentaram quedas patrimoniais (http://exame.abril.com.br/seu-dinheiro/noticias/fundos-rf-indices-perdem-3-87-no-ano-e-vao-perder-mais) e as pessoas, assustadas, fizeram retiradas recordes desses fundos, colocando o dinheiro na caderneta. Risco de contraparte é o pior tipo para um investidor pessoa física. É o risco de não receber seu dinheiro de volta pelo risco do agente econômico responsável pela emissão do ativo financeiro. É o que aconteceu com as pessoas que investiram na Boi Gordo (http://www.estadao.com.br/noticias/impresso,criador-da-boi-gordo-que-lesou-mais-de-30-mil-se-livra-da-prisao,417937,0.htm), que prometia rendimentos muito acima do mercado, ou com aquelas que investiram nas empresas de Bernard Madoff, condenado por um esquema Ponzi, nos EUA.

Mas esses foram casos de fraude. Em muitos outros, o risco de contraparte está explícito em contratos. A compra de CDBs tem como garantia a instituição financeira emissora, e os títulos corporativos (debêntures) têm como colateral fluxos de caixa das empresas emissoras. O risco país é uma medida de contraparte no mercado internacional — no caso do Brasil é o risco do governo brasileiro não pagar, para os investidores, pelos títulos emitidos no exterior.

Os títulos públicos internos, contudo, não têm risco de contraparte, pois o governo brasileiro não tem como dar calote aos investidores em moeda local, já que tem a melhor garantia possível, que é a impressão de papel moeda. Produtos como Letras de Crédito Imobiliário são ativos razoavelmente novos no mercado brasileiro, e apresentam riscos de contraparte que são pouco entendidos pelos compradores desses produtos, que oferecem retornos acima dos títulos públicos e apresentam uma grande vantagem: são isentos de imposto de renda sobre ganhos de capital. Mas tanto as LCIs, como LCAs, CRIs, CRAs e Debêntures Incentivadas apresentam risco de contraparte, tanto do banco ou empresa emissora, quanto do ativo subjacente, seja ele proveniente de créditos imobiliários, ou fluxos de caixa de projetos empresariais.

Os riscos tendem a ser baixos, mas, muitas vezes, esses produtos são comercializados como sendo ativos sem risco, o que não é verdade. Aprendemos no Brasil que até mesmo a caderneta de poupança apresenta risco, pois já foi confiscada e é garantida pelo Fundo Garantidor de Crédito somente até um determinado limite.

A grande regra de gestão de risco é: se sua tolerância é baixa, fique em títulos fixos e monte uma carteira que misture títulos de curto prazo com alguns de prazo mais longo. Mas o mundo financeiro é simples: para mais retorno, maior risco. E isso vai ficar cada vez mais claro na medida em que os mercados financeiros brasileiros se sofisticarem.

No passado, a taxa de juros já chegou a mais de 40% ao ano, em termos reais. A SELIC baixou para cerca de 20% ao longo da primeira década do século XXI e em 2011 bateu o piso histórico de 7,25% ao ano. Nessa época, muitos investidores começaram a olhar mais para ativos com risco, já que era mais difícil conseguir um bom rendimento sem risco. Na verdade, essa é uma grande realidade brasileira: os "rentistas", as pessoas que vivem de renda, sempre puderem obter elevados retornos sem risco. Espera-se que à medida que o país avance, isso fique cada vez mais difícil, e as famílias tenham que se planejar com carteiras realmente diversificadas, aceitando a composição com ativos com risco.

O caso do empreendedor — Medindo o retorno de um acionista

Qual a vantagem de ser dono de uma empresa? Só existe uma: ser melhor remunerado do que as alternativas de investimento. Ou seja, ganhar o prêmio de risco por ser dono da empresa. O conceito de prêmio de risco é pouco difundido na realidade brasileira, já que até meados da década de 1990 era impossível medi-lo. Afinal, como mensurar prêmio de risco num ambiente de quase hiperinflação? Ainda hoje permanece uma visão de que o capital próprio é preferível ao capital de terceiros, pois o primeiro não é oneroso, enquanto o segundo onera a empresa pelo pagamento de juros.

Essa visão antiquada brasileira está errada! No passado, o capital de terceiros era escasso e muito caro, e num ambiente de quase hiperinflação, realmente era temerário fazer qualquer tipo de dívida. Os acionistas devem ser remunerados pelo risco que correm e o capital próprio é mais barato que o capital de terceiros. Afinal de contas, o capital de terceiros corre menos risco, tem fluxo de recebimentos periódicos, garantias reais e prioridade de recebimento, no caso de um processo de falência.

Nenhum acionista pode ser remunerado a uma taxa menor que a SELIC. O prêmio de risco vai depender do ramo de negócios da empresa e do risco que o capital do acionista corre. Em empresas de mercados regulados, esse prêmio é menor, pois a demanda pelos serviços é mais previsível. Em negócios pré-operacionais, esse prêmio é maior, pois ainda não se conhece o fluxo de caixa a ser gerado. Assim, um acionista deve ser remunerado pelo risco. Somente após essa remuneração é que a empresa cria valor.

Vamos imaginar um caso simples, no qual os acionistas apresentam um capital investido de R$1 milhão, a SELIC é de 10% ao ano e o prêmio de risco de 5% ao ano. Nesse caso, a remuneração do capital investido deve ser de R$150.000 por ano; a empresa somente gera valor se conseguir liberar um fluxo de caixa para os acionistas maior que os R$150.000 por ano, necessários para remunerar o capital dos acionistas.

Em diversos grupos empresariais, o conselho de administração da *holding* determina o custo de capital próprio a ser utilizado nas outras empresas do grupo. Assim, um empresário que considere um prêmio de risco de 7% como razoável exigiria, da sua empresa, um retorno sob o capital de 17,5% ao ano (10,5% da SELIC mais 7% do prêmio de risco).

É a partir dessa análise que podemos concluir que uma empresa pode ser lucrativa e destruir o valor dos acionistas. Esse é um dos paradoxos do mundo financeiro moderno: ter lucro não significa perenidade dos negócios — muitas vezes uma empresa lucrativa deve ser fechada se não houver perspectivas de vir a remunerar os acionistas pelo risco do negócio.

CAPÍTULO 12 — ANÁLISE DE PORTFÓLIO

Uma das técnicas principais de finanças para montagem de carteiras diversificadas é o de fronteira eficiente de investimentos (FE). A ideia por trás da FE é simples: alguns produtos financeiros devem ser parte de uma carteira eficiente de investimentos, e outros não. Já vimos que a caderneta de poupança é um péssimo investimento, se comparada com uma LFT. Assim, em uma FE, teríamos que a LFT seria uma alternativa viável de investimento, mas não a caderneta de poupança (que só consegue estar numa FE se colocarmos como única alternativa de curto prazo fundos de renda fixa com altas taxas de administração).

Por exemplo, uma matéria do Estadão, de janeiro de 2014, informava que a caderneta de poupança bate renda fixa com nova Selic, e que o aumento da TR retoma atratividade da caderneta frente à maioria dos fundos de renda fixa (http://economia.estadao.com.br/noticias/economia-geral,poupanca-bate-renda-fixa-com-nova-selic,175418,0.htm). Mas essa análise não faz sentido, pois um investidor racional não deveria investir nem na poupança, nem nos fundos de renda fixa com alta taxa de administração da reportagem. A curva de mercado de capitais relaciona risco e retorno de diferentes ativos financeiros e tem o formato a seguir.

Como podemos ver na figura, o ativo financeiro com pior relação risco retorno é o título de capitalização. Esse é um produto com baixíssima liquidez (somente pode ser resgatado depois de anos), com quase nenhuma rentabilidade e que depende de sorte para gerar algum retorno real (sorteios na Loteria Federal, por exemplo).

Alguns bancos, inclusive, deixaram de oferecer esse produto como alternativa de investimento e passaram a classificá-lo co-

Gráfico 18: Prêmio de risco em investimentos financeiros

mo produto de sorte. Como ele está abaixo da taxa de juros livre de risco (na verdade, tem retorno esperado negativo) e apresenta maior risco, não deve estar presente em qualquer carteira de investimentos racional. A LFT é preferível à poupança, pois tem mais ou menos o mesmo perfil de risco, mas apresenta maior retorno. Outros ativos que poderiam estar no gráfico, mas não na curva eficiente de mercado de capitais, são o dólar e o ouro, ambos ativos financeiros com baixo retorno esperado e alto risco.

O gráfico acima está longe de estar completo. Mesmo em investimento em ações existem diferentes perfis de risco/retorno: é diferente investir em ações *blue chips* americanas do que em empresas brasileiras, e, mais ainda, em pequenas empresas brasileiras. Investimentos no mercado internacional apresentam riscos cambiais, enquanto letras de crédito imobiliário têm risco de crédito. O gráfico de fronteira eficiente é uma forma simples de olhar como classificar ativos financeiros, mas não pode ser tomado literalmente para todas as decisões de composição de carteira. Além disso, usa medidas históricas para medir riscos.

A posição no gráfico depende da volatilidade do retorno dos ativos financeiros, que é medida como a volatilidade passada desses retornos. Ou seja, se assumirmos que a tendência de volatilidade é constante (o que é razoável, mas não em eventos como uma crise financeira), podemos estimar o perfil de risco de um investimento. Como podemos, então, montar a carteira ideal?

Na verdade, uma carteira ideal combina elementos de risco e retorno de acordo com os objetivos de uma família. Uma regra de ouro que é propagada nos EUA é a que diz que o indivíduo deve poupar a sua idade, em percentual, em ativos sem risco. A ideia é que indivíduos mais jovens podem assumir mais riscos. Assim, um indivíduo com 25 anos teria 25% da sua carteira em ativos sem risco e 75% em ativos com risco elevado. Com 40 anos, o percentual de ativos sem risco subiria para 40%.

Mas isso em um país com cultura de investimentos em ativos com risco. No Brasil, a não ser empresários que naturalmente concentram patrimônio em ativos arriscados — a própria empresa —, a maioria das famílias busca pouco risco, muitas vezes desconsiderando investimentos com mais retorno e perfis de risco semelhantes. Nosso amor ao tijolo e mais de meio trilhão de reais na caderneta de poupança são reflexos da cultura de renda fixa.

Carteiras têm uma vantagem sobre ativos individuais: permitem a diversificação e, portanto, um melhor perfil de risco/retorno. A seleção da carteira ótima procura identificar a melhor combinação possível de ativos, obedecendo as preferências do investidor com relação ao risco e retorno esperado. Ou seja, a que maximiza o grau de satisfação do investidor. O risco de uma carteira depende do risco de cada elemento dela e da forma como os componentes se relacionam entre si, medidos através da correlação e covariância.

O processo de determinação da composição da carteira ótima passa pelos seguintes passos:
- Determinar as necessidades dos investidores (retorno esperado; propensão a risco; necessidade de liquidez; e horizonte de investimento);

- Estabelecer as premissas de cada produto financeiro;
- Criar e implementar um portfólio "ótimo";
- Revisar as premissas do portfólio periodicamente;
- Rebalancear a carteira.

O primeiro passo é determinar a necessidade dos investidores. Uma velhice tranquila? Uma velhice esplendorosa? Um projeto de 15 anos? A família precisa de liquidez? É aqui que a maioria das famílias falha no planejamento e cria sub ou superpoupança. O medo exagerado do futuro combina diferentes produtos com maturidades diferentes, mas todos com o objetivo de muito longo prazo — para quê fazer grandes investimentos em fundos de previdência privada e ainda manter uma carteira imobiliária grande, por exemplo?

Já discutimos muito as características dos diferentes ativos financeiros e as dividimos em A,Q,C,L (retorno do ativo, quase renda, custos de transação e prêmio de liquidez). Incluímos acima um pouco sobre o risco de cada ativo. O que importa, ainda, é entender como se monta uma carteira. Muitas vezes, não conseguimos visualizar nosso patrimônio em termos de uma carteira de ativos, mas não é difícil fazê-lo. Podemos, por exemplo, ranquear nossos ativos em termos de liquidez. Qual o nosso patrimônio menos líquido?

A resposta, que pode parecer surpreendente, é o INSS. A maioria dos brasileiros tem direito a uma aposentadoria do INSS, mesmo aqueles que não contribuíram. É o nosso ativo com menos liquidez, porque não podemos vender o direito de aposentadoria, nem sacá-lo antecipadamente (a não ser em casos extremos). Ainda temos como ativos com baixa liquidez FGTS, previdência privada, imóveis, etc. Uma ordem de liquidez poderia ser: caixa, conta-corrente, poupança, fundos de renda fixa, títulos públicos ou CDBs, ações e fundos de ações, imóveis, previdência privada, FGTS e INSS. Uma carteira de uma família de classe média normalmente contém quase todos esses ativos, mas alguns dominam a carteira, como imóveis, por exemplo. Para montar uma carteira ideal, primeiramente devemos ter noção dos ativos financeiros e quais seus papéis em termos das estratégias traçadas, ou seja, estabelecer as premissas de cada ativo financeiro. Aqui, os classificamos em cinco categorias:

CAPÍTULO 12 — ANÁLISE DE PORTFÓLIO

Gráfico 19: As diferentes classes de ativos

Os componentes dessas classes de ativos são:

Gráfico 20: As diferentes classes de ativos e seus componentes

Toda carteira é uma combinação de ativos em uma das seis categorias acima. A grande questão é que tendemos a não pensar no futuro em termos de uma combinação entre os ativos acima. Pensamos na aposentadoria como uma combinação de previdência privada e INSS, como se essas fossem as únicas formas de renda possíveis. Ou então focamos numa carteira imobiliária. Mas, qual o grande plano? Queremos nos aposentar cedo e ficar sem trabalhar? Gostamos de nos sentir úteis e, portanto, iremos querer trabalhar durante um grande período? Como devemos fazer o desinvestimento, se consideramos uma carteira com ativos ilíquidos e participações societárias?

O mais importante é entender que não existe fórmula mágica. Cada um dos ativos acima apresenta perfis de risco/retorno diferentes e, portanto, tem papel diferente num planejamento financeiro de longo prazo. Tomemos o exemplo de ativos de paixão. São aqueles que acumulamos, porque nos dão prazer além do monetário. Eu coleciono livros raros, o que significa que, no período de desinvestimento, deveria vendê-los para sustentar minha aposentadoria. Isso é difícil, então, provavelmente terei um período de sobrepoupança para poder manter esses ativos até o final da vida. No final das contas, o período de desinvestimento é difícil para qualquer investidor, porque significa diminuição de patrimônio, algo que é de difícil aceitação numa cultura patrimonialista como a nossa.

Para montar o portfólio ótimo, devemos escolher dentre os ativos acima aqueles que se adequam à estratégia montada na primeira etapa e com as características que nos convém. O portfólio ótimo vai combinar ativos que permitem a adequação de liquidez, risco e retorno. Podemos analisar os ativos financeiros americanos no longo prazo. O gráfico seguinte mostra como eles variaram desde a década de 1920 até os dias de hoje, ajustados pela inflação.

Não existe algo comparativo para o Brasil, já que nossos mercados financeiros são incipientes. Podemos ver no gráfico que 1 U$ investido na década de 1920 resultaria em quase U$13.000 em meados da década de 2000. A inflação acumulada no período foi de 1000%, o que significa que o comportamento de longo prazo dos ativos financeiros do gráfico é consistente, com ações de pequenas empresas, tendo o maior retorno (mas também a maior volatilidade), enquanto títulos públicos de curto prazo renderam pouco mais que a inflação. É baseado em gráficos como este que os economistas dizem que ações são bons investimentos no longo prazo. Mas é difícil que as pessoas entendam isso quando os títulos públicos no Brasil, diferentemente dos EUA, rendem muito mais que a inflação.

Total Real Returns, Large Stocks, Long Treasuries, Long Corporates and T-Bills

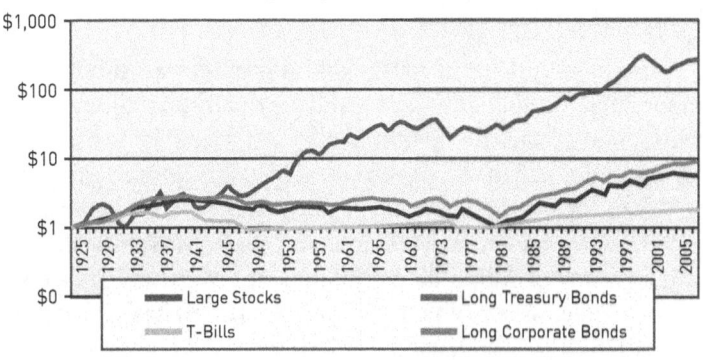

Gráfico 21: Variação dos ativos financeiros americanos da década de 1920 até hoje

Fonte: Ackerman (2011) - http://www.zerohedge.com/contributed/bond-bull-sees-more-deflation-ahead

É importante entender que uma estratégia pode ser mudada caso as premissas se alterem. No passado, imóveis eram os melhores investimentos no Brasil. Na década de 1990, em alguns anos os títulos públicos renderam mais de 20% ao ano, acima da inflação. Nos primeiros anos do século XXI, a Bolsa de Valores rendia 100% ao ano.

No passado, os fundos de previdência privada tinham rendimentos elevados com gestão passiva de ativos, enquanto hoje têm mais dificuldades em atingir a meta atuarial e as taxas de administração são mais importantes para determinar os ganhos reais desses fundos. A carteira deve ser rebalanceada de tempos em tempos para refletir mudanças nas expectativas futuras — se a taxa de juros cai, muito provavelmente buscaremos mais investimentos em ativos com risco; se os imóveis subirem muito fortemente, podemos realizar parte dos ganhos, diminuir sua participação na carteira, etc.

Quais as regras de ouro de formação de carteiras, então? Infelizmente, elas não existem. Não há como estabelecer critérios simples de otimização de carteira para todos os indivíduos. As regras que achamos que são senso comum, como fundos de previdência, caderneta de poupança e imóveis, são apenas parte de uma carteira que envolve muito mais ativos, com diferentes perfis de risco e liquidez.

Mas, com certeza, a maior parte dos brasileiros subestima a importância da liquidez (pela tendência patrimonialista) e desconsidera os custos de oportunidade em relação a risco/retorno. Por exemplo, achamos que investimentos em imóveis são seguros, e, em títulos públicos, arriscados, quando é o contrário. O que importa é que num país como o Brasil, é possível viver muito bem sem nenhum tipo de patrimônio, aproveitando os diversos ativos financeiros com altos rendimentos e baixo risco para definir um padrão de vida adequado.

Diversificação, risco idiossincrático e sistemático

Uma regra simples de formação de carteiras é a de que a diversificação é importante para contrabalançar risco e retorno de ativos financeiros. Investidores racionais alocam seus capitais em portfólios diversificados de investimentos. A diversificação tem o poder de reduzir o risco de um ativo visto isoladamente. O investidor não diversificado assume um risco maior do que aquele, representado pelo desvio-padrão da distribuição de probabilidade dos retornos do ativo isolado, caso estivesse diversificado de forma eficiente. A seguir, temos duas distribuições de probabilidade, uma para um ativo e outra para uma carteira bem diversificada.

A parte mais escura do gráfico é a de um ativo financeiro. Como podemos ver na área mais clara, com uma carteira diversificada o retorno esperado é maior, e a distribuição de possíveis retornos é mais concentrada, o que significa que as possibilidades de perda (mas também de ganho) são menores. Se a busca for retorno a qualquer custo, nada é melhor do que um ativo financeiro isolado, mas, se o objetivo for uma carteira ótima com equilíbrio de risco e maximização de retorno, a diversificação é fundamental. É por isso que uma das poucas formas reais de se tornar rico é abrir uma empresa. Um empreendedor é um agente que aceita o extremo risco de ir à falência para perseguir o extremo retorno de uma empresa bem sucedida. Ele aceita o risco idiossincrático de abrir uma empresa em vez de diversificá-lo. Mas... risco idiossincrático?

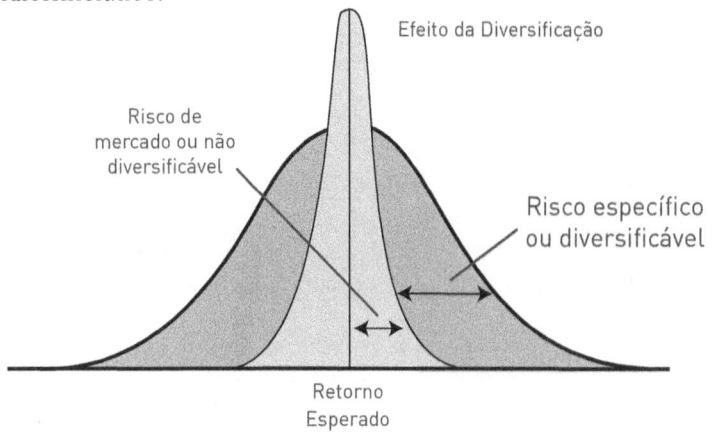

Gráfico 22: Efeitos da diversificação de ativos financeiros

Um ativo financeiro apresenta duas fontes de risco, chamadas de idiossincrático e sistemático. O primeiro tem a ver com as características específicas de um ativo: as ações de uma empresa farmacêutica dependem da sua capacidade de inovação e geração de fluxo de caixa, enquanto o investimento em um terreno depende de uma variável: localização.

O risco sistemático é o risco do mercado como um todo. Por exemplo, numa grande crise econômica, todos os ativos financeiros tendem a cair de preços. Se fizermos uma carteira com ações brasileiras, o risco sistemático depende do risco do mercado acionário brasileiro como um todo. Esse risco é aquele que não é diversificável — se estamos investindo no Brasil, é praticamente impossível fugir dos riscos inerentes ao mercado brasileiro, seja ele de títulos ou ações.

Ativos financeiros são correlacionados, o que significa que mesmo a diversificação não é capaz de acabar com o risco sistemático — algumas operações de mercado futuro, contudo, conseguem reduzir o risco de uma carteira abaixo daquele do risco sistemático. Mas, como as regras de finanças não costumam mudar, essas operações também reduzem o retorno médio de uma carteira. Assim, a medida em que o investidor aumenta a quantidade de ativos no seu portfólio, o risco do portfólio cai, convergindo para o risco de mercado.

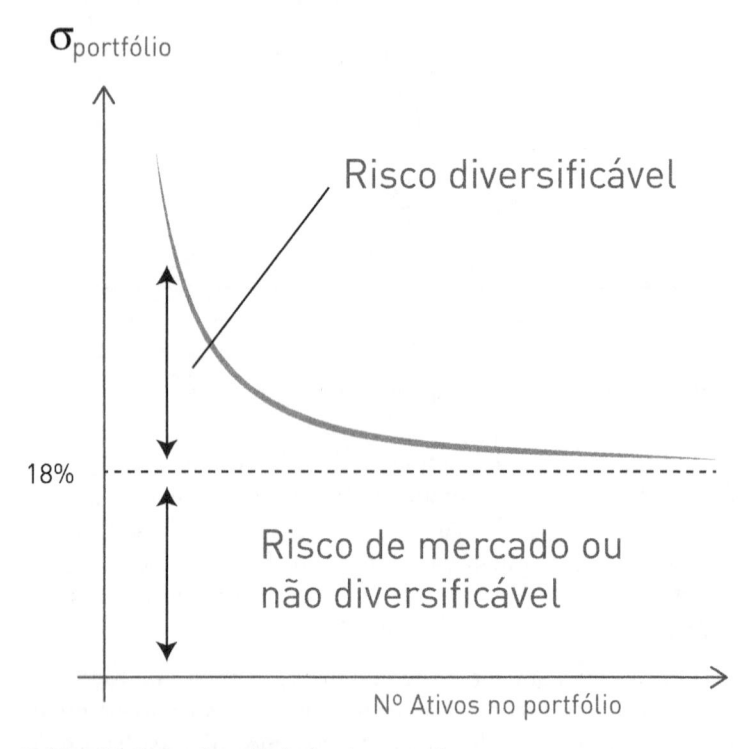

$\sigma_{portfólio}$

Risco diversificável

18%

Risco de mercado ou não diversificável

Nº Ativos no portfólio

Gráfico 23: Risco diversificável e de mercado

O gráfico acima mostra o risco de um portfólio, medido pelo desvio-padrão da carteira (σ portfólio) e o número de ações diferentes no portfólio de um investidor típico norte-americano.

Segundo Brigham, Gapenski e Ehrhardt (2001),[13] 40 ações são suficientes para se obter uma diversificação ótima que consiga eliminar quase a totalidade do risco diversificável. Contudo, há outros estudos que apontam quantidades menores. Hoje, nos EUA, o risco de mercado (dp_m) é de aproximadamente 15%. Se pegarmos dados desde 1972, investimentos em ações norte-americanas trariam um retorno anual bruto de 11.08% com um desvio-padrão de 17,25 (http://www.assetplay.net/article/stock/US-stock-market.html).

A ideia por trás da diversificação, então, é reduzir o risco idiossincrático para tentar ampliar o retorno esperado sem sacrifício em termos de maiores riscos. A diversificação deve ser buscada em qualquer carteira que não aquela de um empresário em começo de carreira. A base da análise moderna de finanças é a teoria de portfólio de Markowitz, que mostra a relação entre carteiras de investimento e como balancear risco e retorno, através de uma fronteira eficiente. Investidores racionais teriam carteiras balanceadas e estratégias bem definidas, mas, infelizmente, no Brasil poucas famílias fazem planejamento financeiro de forma eficiente.

Algumas famílias donas de médias e grandes empresas, na fase de maturidade dos negócios, buscam a diversificação através da constituição de *family offices*, que criam fundos familiares que vão investir em diversos tipos de ativos financeiros. Porém, mesmo grandes empresários fazem investimentos financeiros ruins. E isso tem a ver com dois grandes fatores: questões cognitivas, como vimos anteriormente, e a falta de histórico de estratégias de planejamento, que funcionaram durante a história brasileira contemporânea.

O mercado acionário tem características que são alienígenas aos investidores brasileiros — volatilidade e alto retorno esperado no longo prazo. E é por essa razão que os investidores brasileiros têm dificuldade em montar estratégias que envolvam ações. Primeiramente, o custo de oportunidade da taxa de juros livre de risco é muito alto, o que torna o mercado acionário pouco atra-

---

[13] Brigham, E. F., Gapenski, L. C., Ehrhardt, M. (2001). *Administração financeira: teoria e prática*. São Paulo: Atlas.

ente no Brasil. Com uma SELIC de 10,5% ao ano, por exemplo, investimentos em ações somente fazem sentido se a expectativa de retorno for maior que esse valor, mais um prêmio de risco.

E pode acontecer das ações caírem de preço. O que fazer, então? Ora, dependendo da estratégia de investimento, a queda momentânea não é problemática. Afinal, investimentos em ações com perspectivas de longo prazo devem ser feitos com baixa necessidade de liquidez de curto prazo. Ainda, devem ser feitos com análise de perspectivas futuras: o mercado brasileiro tem condições de crescimento de médio prazo? Os investimentos foram feitos em empresas com boas perspectivas de longo prazo? Nesse caso, a "dica" de esperar retornos de longo prazo é boa. Contudo, se a estratégia foi tentar aproveitar um momento de baixa para realizar lucros no curto prazo, e eles não se concretizaram, o melhor é se desfazer do prejuízo e redimensionar a carteira. Determinar a estratégia e segui-la é fundamental, e em finanças, o risco faz parte da natureza dos investimentos.

Devemos ter uma carteira de ações para o longo prazo que seja diversificada, para que o retorno esperado seja o maior possível sem que ela sofra de riscos idiossincráticos. Encarar o mercado acionário de forma racional é fundamental para extrair retornos maiores sem contar com a sorte. E isso implica definições de estratégias condizentes com os objetivos de longo prazo da família. Não existe fórmula mágica e esse não é o livro com regras de ouro para ficarmos ricos. Basta entender os benefícios da diversificação e, ao aplicar essa lição, já conseguimos modificar nosso risco de longo prazo, sem sacrificar retornos, ou vice-versa.

CAPÍTULO 13 — DEFININDO ESTRATÉGIAS

A definição de uma estratégia financeira de longo prazo depende de variáveis objetivas, mas também de uma variável fundamental subjetiva, o perfil de risco da família. Muitas vezes não sabemos estabelecer probabilidade de eventos e, por isso, tendemos a ser mais conservadores. Se a renda futura for crescente, a necessidade de poupança é menor, e vice-versa. Mas, além dos objetivos de longo prazo, é necessário saber qual o perfil de aceitar possíveis perdas em ativos financeiros por busca de maior retorno. Um exemplo de comportamento irracional aconteceu com as ações das empresas do grupo EBX.

Muitos investidores compraram ações de empresas como OGX e MMX e perderam muito dinheiro. Muitos deles se sentiram lesados e prometeram nunca mais investir em ações. É essa conclusão que não faz sentido. Uma coisa é o investimento numa caderneta de poupança — um ativo sem risco — ser confiscada. Nesse caso, os poupadores saíram prejudicados, pois era um risco não mensurável e resultado de uma medida autoritária do governo da época.

Mas toda empresa, financeira ou não, está sujeita a ir a bancarrota (até grandes empresas como a Enron e o Lehman Brothers quebraram da noite para o dia) no curto prazo, e ações são investimentos de risco. Investir numa empresa pré-operacional e perder o capital faz parte do jogo do mercado acionário. Como se determina o perfil de risco? Normalmente, temos uma ideia do nosso perfil, mas é difícil de traduzir em estratégias. Os riscos são priorizados no processo de gestão, tomando-se como base a matriz probabilidade/impacto, construída por meio de critérios qualitativos de julgamento. O gráfico posterior mostra como devemos nos comportar em termos de risco, quando sabemos nosso perfil.

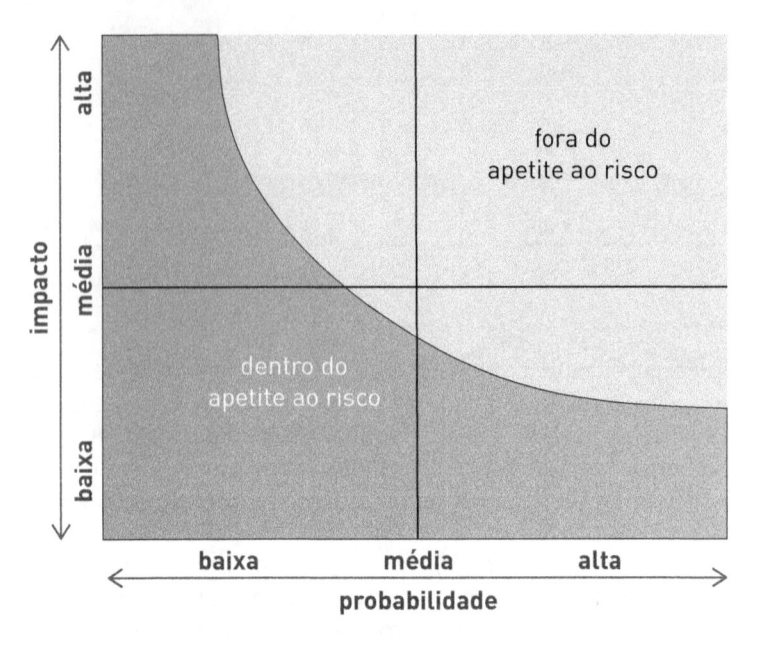

Gráfico 24: Apetite de Risco

Não existe almoço grátis. Não existe ativo financeiro com alto retorno esperado e baixo risco. É fácil, depois dos fatos, dizer que devíamos ter comprado imóveis em 2008, no início do processo de valorização, ou vendido ações da OGX, no seu pico histórico de R$22. É mais difícil fazer uma análise *ex-ante* e determinar uma carteira que atenda nosso perfil de risco. A boa notícia? A taxa de juros livre de risco é alta o suficiente para fazer com que muitos de nós tenhamos uma carteira tranquila, baseada em títulos públicos, imóveis, fundos de previdência e outros ativos líquidos e com baixo risco. Apresentar os títulos públicos, além da LFT, é importante para entender o real custo de oportunidade de todos os outros ativos financeiros da economia brasileira.

Títulos públicos: Como ganhar dinheiro pela paciência

Quando me perguntam qual o fundo de renda fixa, minha resposta é sempre a mesma: nenhum. No Brasil, diferentemente dos outros países do mundo, temos a oportunidade de adquirir títulos públicos diretamente do governo brasileiro, através do Tesouro Direto (www.tesourodireto.gov.br). Para isso, basta estarmos cadastrados em uma das corretoras. Os custos de transação são baixos: a taxa da corretora (que varia de 0% a 0,5% ao ano), emolumentos (0,01%), deságio dos títulos (0,02%) e imposto de renda sobre ganhos de capital (que variam de 22,5% dos rendimentos até 15%, dependendo do prazo em que os títulos ficam em carteira).

Vimos anteriormente que o título mais seguro é a LFT, que remunera o investidor pela taxa SELIC em vigor, isso porque seu rendimento diário é sempre positivo. A composição dos retornos diários equivale a SELIC anual e por isso se um título custa R$5.934,00 em um dia, provavelmente, a uma taxa de 10,5% ao ano, vai custar R$5.935,20 no dia seguinte e um pouco mais de R$5.936,50 no próximo dia. Não há riscos de perda de valores. Mas o LFT não é o único título disponível para compra.

Se olharmos a próxima tabela, vamos ver que temos pelo menos mais algumas classes de títulos públicos federais à nossa disposição para compra: a NTNB, NTNB Principal, LTN e NTNF. Para fundos sofisticados, ainda temos mais opções. As siglas seguem um padrão: notas ou letras do tesouro nacional. Podemos classificar todos os títulos em duas grandes categorias: pré ou pós-fixados.

Os títulos pré-fixados, como o nome sugere, são aqueles cuja remuneração é conhecida no momento da compra do título. Tomemos o caso de uma LTN 010116, que está sendo negociado a R$802,61 e promete um retorno de 12,05% ao ano, para esses dados do dia 23/01/2014. Isso significa que esse título vence no dia 1º de janeiro de 2016, quando o investidor recebe seu dinheiro de volta em sua conta corrente (via corretora de valores). No caso da LTN, o valor de face é de 1.000 por título, e é esse valor que o investidor deveria receber, bruto, em sua conta (vai ser descontado o IR). Como ele comprou esse título por R$802,61 (mais a taxa

Preços e taxas dos títulos disponíveis para compra

Título	Vencimento	Taxa(a.a.) Compra	Preço Unitário Dia Compra
Indexados ao IPCA			
NTNB Principal 150519	15/05/2019	6,51%	R$ 1.698,40
NTNB 150820	15/08/2020	6,57%	R$ 2.363,90
NTNB Principal 150824	15/08/2024	6,72%	R$ 1.195,27
NTNB 150535	15/05/2035	6,73%	R$ 2.211,75
NTNB Principal 150535	15/05/2035	6,81%	R$ 858,02
NTNB 150850	15/08/2050	6,78%	R$ 2.192,89
Prefixados			
LTN 010116	01/01/2016	12,05%	R$ 802,61
LTN 010117	01/01/2017	12,61%	R$ 706,24
NTNF 010123	01/01/2013	13,07%	R$ 855,83
Indexados à Taxa Selic			
LFT 070317	07/03/2017	–0,02%	R$ 5.936,90

Atualizado em: **23-01-2014 8:59:41**, Fonte: www.tesourodireto.gov.br

Gráfico 25: Retorno de títulos públicos

de administração e emolumentos), isso significa que a diferença entre esse valor e os R$1.000 do valor de face retornam um rendimento de pouco menos de 12% ao ano, ainda não líquidos de IR.

Não há risco para o investidor se ele carregar esse título até o vencimento (e podemos observar que, mesmo com IR, o retorno será muito maior do que a caderneta de poupança). O único risco é a inflação subir demasiadamente e comer o rendimento bruto, tornando o rendimento real menor. Mas esse risco praticamente todos os ativos financeiros da economia correm, O mesmo vale para uma LTN 010117. Nesse caso o rendimento pré-fixado é maior, de cerca de 12,61% brutos, o que está de acordo com a ideia de prêmio de risco — se você está emprestando dinheiro para o governo por mais tempo, deveria receber mais.

A NTNB também é um título pré-fixado, mas com uma característica especial. O valor que é pré-fixado é aquele que o investidor receberá acima da inflação, medida pelo IPCA. Ou seja, quando na tabela um título com vencimento em 15 de agosto de 2024 mostra que está remunerando um investidor a 6,72% ao ano, isso significa que o investidor receberá, como rendimento bruto, o valor de 6,72% mais a inflação do período. Isso significa que esse título é excelente para aquelas famílias que querem se proteger da inflação e ainda obter um rendimento muito acima da média mundial. De fato, o rendimento de 6,72%, sozinho, é maior que o rendimento da caderneta de poupança. Se considerarmos uma inflação de 6% ao ano, o retorno desse título está muito acima da poupança, mesmo com custos de transação.

Uma observação importante: títulos de longo prazo têm maior risco do que títulos de curto prazo. Não porque o governo não deve pagar os investidores no longo prazo — o problema não é risco de crédito, mas sim porque os preços dos títulos podem variar sobremaneira no curto prazo e afetar o retorno esperado no longo prazo— o risco de preços. Ou seja, é importante comprar um título de longo prazo em um momento adequado, de acordo com suas estratégias financeiras.

O preço de um título público é o que define o retorno para o investidor, que é a diferença entre o preço de compra e o preço de venda de um título. Quando se compra um título que promete um retorno de 12,61% ao ano, como o LTN010117, isso significa que a diferença entre o preço de compra na data atual (R$706,24) e o de venda no dia do vencimento do título (R$1.000,00) representa um ganho bruto de 12,61% para quem comprar um título hoje. Contudo, se as expectativas dos agentes econômicos mudarem abruptamente, isso significa que o preço do título pode cair, no curto prazo, a um valor abaixo de R$706,24, causando perdas para o investidor que comprou o título anteriormente. O preço de venda no vencimento do título e a data de vencimento não mudam, contudo, e essa perda só é realizada se o título for vendido — se o investidor esperar o título em algum momento voltará a R$706,24, porque, no final das contas, vai ter que "valer" R$1.000,00 no dia 01 de janeiro de 2017.

O risco de preços de um título público depende da estrutura a termo da taxa de juros, mas é sempre um risco relacionado ao prazo do título. Quanto maior o prazo do título, maior a possibilidade de variações no preço. É por isso que as LFTs são as taxas de juros livre de risco — como o preço varia todo dia de acordo com a SELIC, ela tem "vencimento diário" e, portanto, não tem qualquer risco de preço. Títulos de curto prazo têm pouquíssimo risco, enquanto títulos com prazo mais longo podem apresentar significativas variações. Podemos ver isso acontecendo, ao analisar a tabela abaixo.

Rentabilidade do Tesouro Direto - Posição em 24/01/2014

Títulos	Vencimento	Rentabilidade Bruta				Taxa do Dia (ao ano)	
		Últ. 30 dias	Mês Anterior	No Ano	12 Meses	Compra	Venda
Prefixados							
LTN	01/01/2015	0,34%	0,90%	0,13%	4,80%	-	11,33%
LTN	01/01/2016	0,15%	1,01%	-0,12%	1,28%	12,30%	12,35%
LTN	01/01/2017	-0,16%	0,32%	-0,48%	-2,61%	12,87%	12,93%
NTN-F	01/01/2017	-0,05%	0,51%	-0,38%	-0,92%	-	12,87%
NTN-F	01/01/2021	-0,24%	-1,22%	-0,28%	-7,69%	-	13,29%
NTN-F	01/01/2023	-0,04%	-1,26%	-0,35%	-9,86%	13,31%	13,37%
Indexados à Taxa Selic							
LFT	07/03/2014	0,80%	0,79%	0,65%	8,38%	-	-0,01%
LFT	07/03/2015	0,78%	0,76%	0,63%	8,37%	-	0,00%
LFT	07/03/2017	0,68%	0,66%	0,53%	8,28%	-0,02%	0,02%
Indexados ao IGP-M							
NTN-C	01/07/2017	-1,09%	0,59%	-1,38%	-3,21%	-	6,53%
NTN-C	01/04/2021	-2,54%	-0,01%	-2,96%	-11,35%	-	6,99%
NTN-C	01/01/2031	-3,91%	-0,42%	-4,47%	-19,38%	-	7,05%
Indexados ao IPCA							
NTN-B	15/05/2015	0,30%	1,11%	-0,01%	3,98%	-	5,07%
NTN-B	15/05/2017	-0,66%	0,70%	-0,99%	-2,76%	-	6,49%
NTN-B	15/08/2020	-2,05%	0,04%	-2,53%	-10,27%	6,93%	6,99%
NTN-B	15/08/2024	-3,16%	-0,14%	-3,72%	-15,71%	-	7,04%
NTN-B	15/05/2035	-5,19%	-0,84%	-5,67%	-25,42%	7,00%	7,10%
NTN-B	15/05/2045	-5,90%	-1,16%	-6,54%	-30,43%	-	7,12%
NTN-B	15/08/2050	-6,18%	-1,35%	-6,70%	-31,64%	7,03%	7,13%
NTN-B Principal	15/05/2015	0,27%	1,11%	-0,04%	3,65%	-	5,08%
NTN-B Principal	15/05/2019	-2,06%	0,01%	-2,53%	-10,95%	6,90%	6,96%
NTN-B Principal	15/08/2024	-4,60%	-0,50%	-5,24%	-23,57%	7,02%	7,10%
NTN-B Principal	15/05/2035	-9,62%	-1,98%	-10,24%	-43,20%	7,05%	7,15%

Gráfico 26: Rentabilidade do tesouro direto — posição em 24/01/2014

Podemos ver que as LFTs sempre apresentam retorno positivo, seja para 30 dias, no ano ou nos últimos 12 meses. Alguns títulos, por sua vez, podem ter retornos negativos muito altos. Se olharmos a NTN-B Principal com vencimento em 15/05/2035, vamos ver que o retorno em 12 meses foi de -43,20%, ou seja, o título perdeu quase metade do seu valor! Isso porque nos 12 meses anteriores, as expectativas da taxa de juros no Brasil mudaram muito — enquanto no início de 2013 o mercado precificava os títulos de longo prazo a uma taxa real anual de cerca de 3%, essa taxa passou a 7% (acima da inflação) ao final de 2013 e início de 2014. Esse aumento rápido nas expectativas de taxa de juros foi o que levou o preço dos títulos de longo prazo a cair rapidamente e apresentar retornos negativos nos últimos doze meses.

Para quem tem o título em carteira, a única boa notícia, se eles foram comprados com expectativa de retorno de 3% ao ano acima do IPCA, é que do dia 24 de janeiro de 2014 em diante, a expectativa é de que o retorno seja de pouco mais de 7% acima da inflação ao ano até sua data de vencimento. Se o título for mantido em carteira até o vencimento, ele terá retornado a seu comprador 3% ao ano. E essa é a grande lição na compra de títulos públicos de longo prazo — se a operação for feita para poupança de longo prazo e o objetivo for levá-lo até o vencimento, o preço de compra determina o ganho bruto do título. Para conseguir maiores retornos, o investidor terá que correr mais riscos e negociar ativamente títulos, aproveitando oportunidades para montar uma carteira com maior retorno.

A regra de ouro de montar uma carteira com títulos públicos é: se as expectativas são de piora do cenário econômico e maior taxa de juros, o ideal é comprar títulos de curto ou curtíssimo prazo, já que a deterioração do cenário econômico resulta, normalmente, em menor confiança no governo brasileiro, aumento dos juros esperados e, portanto, dos rendimentos dos títulos públicos. Foi isso que aconteceu no ano de 2013, que começou com esperanças de ser um bom ano, mas cujas expectativas foram piorando ao longo dos meses, resultando em aumento nas expectativas de taxas de juros e o salto dos juros reais, de menos de 3% para mais de 7% ao final do ano.

No final das contas, comprar títulos públicos não significa segurança patrimonial, a não ser que os títulos sejam levados ao vencimento. Nesse caso, na história recente brasileira, poucos investimentos geraram tanto retorno, com pouco risco, quanto títulos do tesouro federal.

Jogando na loteria uma vez por ano

Como professor de finanças, não tenho o hábito de jogar na loteria. Como economista de formação, considero, assim como a maioria dos meus colegas, que a loteria funciona como um imposto sobre a pobreza. Afinal, a loteria normalmente não é um jogo justo e as pessoas que o jogam estão comprando um sonho: o de melhorar de vida. Vamos pegar como exemplo a Mega-Sena, que é um excelente caso para mostrar como calcular risco/retorno de um ativo financeiro. Afinal de contas, um bilhete de loteria é um ativo financeiro, mas um ativo com péssima relação risco/retorno.

O retorno esperado de uma aposta na Mega-Sena é fácil de ser determinado: é 0, se os números na aposta não forem sorteados, e o valor do prêmio (que pode ou não ser dividido com outros apostadores) se os números forem sorteados. Os prêmios começam em R$2,5 milhões e sobem se houver sorteios sem premiação. Vamos supor, aqui, um prêmio acumulado de R$20 milhões. Qual o retorno esperado, ponderado pelo risco (probabilidade dos números saírem) de uma aposta de Mega-Sena que custa, em 2013, R$2,00? Sabemos que a probabilidade de acertar na Mega-Sena é de aproximadamente 1 em 50 milhões. Assim,

$R(MS) = 0 + 1/50.000.000 * 20.000.000 = 0,4$ ou 40 centavos. Também deveríamos colocar aqui a probabilidade e o retorno do acerto na quina ou quadra.

Nesse caso, o total subiria para pouco mais de R$0,50.

Ou seja, uma aposta de Mega-Sena é um ativo financeiro comprado por R$2,00 e com retorno esperado de R$0,40 ou R$0,50 — e isso se assumirmos um prêmio de R$20 milhões, quando, na verdade, o prêmio, na maioria dos concursos, fica entre R$2,5 milhões e R$5 milhões. Poucos ativos financeiros são tão ruins assim. A diferença entre R$2,00 e os R$0,40 é o imposto sobre a pobreza, ou a falta de inteligência matemática das pessoas. É também o preço pelo sonho de se ganhar na loteria.

Contudo, diferente da maioria dos países do mundo, uma vez por ano, pelo menos, vale a pena jogar na loteria no Brasil. Temos no país a Mega-Sena da virada, cujo prêmio foi de R$224,7 milhões, em 2013. Assumindo que o prêmio não fosse dividido, isso daria um retorno esperado de R$4,49 por cada R$2,00 investidos. Mesmo se o prêmio fosse dividido com mais uma aposta, a loteria continuaria sendo justa nesse caso em particular. Mas é claro que as coisas não são tão simples, e, em 2013, 4 apostas foram sorteadas.

Risco retorno e a diversificação em produtos financeiros sofisticados

No jornal Valor, de 21 de outubro de 2013, uma bandeira de cartão de crédito com atuação regional anunciou a preparação de uma captação de cerca de R$100 milhões com a venda de recebíveis, com lastro em suas operações de cartão de crédito. A estruturação da operação se daria via fundo de investimento em direitos creditórios (FDIC). O risco para os investidores estaria relacionado ao fato de que os recebíveis poderiam não ser suficientes para cumprir com o pagamento dos investidores, por aumento da inadimplência dos consumidores que utilizaram os cartões de crédito, por exemplo.

A empresa captadora dividiu a carteira em três classes de cotas. A menos arriscada, chamada sênior, teria prioridade no recebimento, caso o fluxo de recebimentos não fosse suficiente para remunerar todos os investidores. A meta de retorno para os investidores seria de 4,25% ao ano, mais o rendimento do CDI (certificado de depósito interbancário, que normalmente é bem próximo da taxa SELIC). A classe mezanino, com menor proteção, renderia 5,5% ao ano, mais CDI para os investidores. A última classe, a com menor proteção, ficaria em posse da empresa que, dessa forma, estaria mostrando ao mercado que caso o fundo não fosse bem sucedido, ela seria também prejudicada.

Esse lançamento mostra o impacto da relação risco/retorno em determinar a atratividade de um investimento. Se o investidor quiser ficar sem risco, basta investir em títulos de curto prazo que rendem a taxa SELIC, perto do CDI. Se quiserem ser mais remunerados, podem comprar a classe sênior, recebendo cerca de 4,25% ao ano mais o CDI. Se ainda tiverem mais apetite ao risco, podem ganhar mais ainda, 5,5% mais o CDI. Os mercados financeiros tendem a ser eficientes. No caso desses produtos, um investidor deve comprá-lo somente se estiver disposto a aceitar o risco exposto no prospecto.

CAPÍTULO 14 — OS ARQUÉTIPOS BRASILEIROS

A experiência como professor de finanças é muito interessante, especialmente quando discutimos finanças pessoais. As pessoas normalmente têm noções arraigadas e, muitas vezes, tomam decisões financeiras sem realmente levar em conta todos os custos e benefícios. Nesse capítulo, busco descrever alguns arquétipos no mundo das finanças pessoais. Esses arquétipos são os mais comuns, na minha experiência no Brasil e no mundo. Começo com o arquétipo no qual me encaixo, explico as razões das minhas escolhas, que são diferentes da ortodoxia, seguindo os preceitos desse livro.

O hedonista

Esse é o arquétipo daqueles que valorizam demasiadamente o presente. Ou poupam pouco, ou vivem endividados. Porém, normalmente, sem seguir o padrão de renda permanente. Ou seja, planejam bem o presente, mas mal o futuro. A regra de planejamento de renda permanente estabelece que em algum momento devemos fazer a troca de gastadores para poupadores. Isso deveria acontecer por volta dos 35–40 anos, quando entramos no período de pico de renda.

Bom, o meu planejamento é hedonista, no sentido de que durante todos os dez primeiros anos da minha carreira sempre fui gastador, mesmo com crescimento anual de renda elevado. Ou seja, gastava muito aos 25 anos, ainda mais aos 30, quando conseguia mais crédito e ainda mais aos 35, dando-me ao luxo de viagens em classe executiva pelo mundo inteiro, melhores restaurantes e tudo o mais que o dinheiro (dos outros) pudesse comprar. O mais difícil é mudar a chave e começar a poupar.

Minha carteira é extremamente desbalanceada, pois escolho como ativo principal de investimento livros raros, um caso clássico de ativos de paixão que são ilíquidos, com alto risco e baixo retorno. Infelizmente, estou entrando na fase de poupança para o futuro. Isso significa passar algum tempo pagando dívidas do passado (infelizmente, elas existem) e me preparar para o futuro. Qual o grande problema do hedonista? Realizar o fato de que a "farra" acabou e que é hora de apertar o cinto. Isso não significa diminuir o padrão de vida, pois a ideia é gastar a renda permanente, mas é mais fácil fazê-lo com dívidas e alto padrão de renda do que passar a gastar a mesma quantia, em termos reais, enquanto sua renda aumenta.

O problema do hedonista está relacionado à questão de aversão a perdas, assim como a do outro extremo, o "pão-duro". Enquanto o primeiro acha que vai perder o padrão de vida, (o que está errado), o segundo pensa na perda do patrimônio como inadmissível, juntando até o final da vida e morrendo rico. No meu caso, a outra variável relevante para a definição da carteira ótima é que sou pouco avesso ao risco. Nesse caso, ao iniciar minha carteira, irei privilegiar produtos com alto risco, como ações e derivativos, e compor o resto da carteira com títulos públicos com alto rendimento — hoje em torno de 6% ao ano em termos reais —, mas com período de resgate de médio prazo. O difícil mesmo vai ser reduzir as compras de livros raros, pois numa composição de carteira, não posso ter somente ativos de paixão.

Como tenho alguns ativos que compõe minha poupança forçada, como INSS, FGTS e fundo de previdência privada, pago pela empresa na qual trabalho, posso tentar buscar mais retorno correndo mais riscos. A minha carteira ótima, próxima de um hedonista, se eu conseguir montá-la e me livrar dos principais impulsos de continuar aumentando meus gastos (o que não realmente preciso), terá: poucos ativos líquidos (cerca de 10%), com baixo retorno, como LFTs; grande parte em ativos de paixão (livros raros) (50%); uma parcela em títulos públicos de médio prazo, com alto retorno, mas risco de preço, como NTNBs (20%); e o resto em ativos arriscados, como ações e derivativos (20%). Essa é a carteira que posso gerenciar. A outra parte da minha poupança, a forçada, não é passível de gestão.

O problema do hedonista é não conseguir executar o planejamento eficientemente, vivendo sempre apertado pelas dívidas do passado. Um amigo, que mora em SP, tem exatamente esse problema. É um competente designer da economia digital, com bom salário e modesto custo fixo (aluguel e contas obrigatórias). Seu problema é que sempre aproveitou o aumento de renda para ampliar seus gastos. Vive o grande dilema: quanto mais ganha, mais gasta. Isso funciona enquanto a renda for crescente, mas, agora, que já atingiu o pico de sua renda, está começando a estrangulá-lo — sem planejamento, vai ser obrigado a diminuir seu padrão de vida no futuro, algo que é um grande problema para alguém que vive nesse arquétipo.

O dilema do funcionário público

Como seria a carteira ótima de um servidor público federal que esteja no regime de aposentadoria integral? Os servidores contribuem com 11% do vencimento do cargo efetivo, dentro de um regime de previdência de caráter contributivo e solidário. Isso significa que, após o período legal, o servidor pode se aposentar com proventos integrais — embora tenha esse nome, a aposentadoria do servidor público federal não necessariamente se iguala aos últimos salários, mas raramente fica abaixo de 85% do mesmo.

Numa aula de finanças com executivos de alto escalão da Petrobras, fiz uma singela pergunta: para quê vocês poupam? Em um primeiro momento, os executivos tiveram dificuldades de verbalizar a resposta, mas depois, começaram a listar razões que são comuns a todos os brasileiros: para o caso de uma doença, para garantir o futuro da família, o futuro pessoal, acumular patrimônio e garantir a aposentadoria.

Então, fiz outra pergunta: quais desses fatores eram objetivamente relevantes para a estratégia de poupança deles? Após uma discussão acalorada sobre estratégias de finanças pessoais, a maioria dos executivos — na faixa dos 40 aos 60 anos e, portanto, que vivenciaram o trauma do processo inflacionário brasileiro-admitiu que poupava de forma não planejada, levados pelo completo temor ao futuro, depois das experiências que incluíram o confisco da poupança no governo Collor e a inflação de 80% em um mês. Ou seja, eram guiados pelos traumas do passado, mesmo tendo um salário bastante razoável e um plano de previdência saudável e com perspectivas de alta renda vitalícia.

No Brasil, o sonho do funcionalismo público é quase tão forte quanto o da casa própria. Quais os principais motivadores? Estabilidade e, em boa parte dos casos, bons salários. Contudo, somente o primeiro é de fato um bom motivador — quanto ao segundo, melhor que os bons salários correntes é o padrão de salários futuros — as aposentadorias integrais, ou quase isso. O padrão de renda do funcionário público, diferentemente dos trabalhadores da iniciativa privada, é altamente previsível: não pode diminuir e não apresenta a queda de renda na aposentadoria, o que pode acontecer com um trabalhador da iniciativa privada.

Resta, então, a pergunta: para que um funcionário público poupa? Grande parte dos funcionários públicos apresenta um padrão de renda crescente — senioridade traz consigo maiores salários. A poupança é normalmente feita para emergências que não se materializam, ou para gerações posteriores. Ainda assim, como deveria ser a carteira ótima de servidores públicos? Como o fluxo de caixa futuro é certo, esses são os indivíduos que poderiam buscar investimentos de risco e/ou baixa liquidez, pois isso traria a diversificação natural para seu patrimônio. Mas é esse o caminho natural para servidores públicos?

Na verdade, não. Normalmente, os servidores são mais conservadores que a média dos investidores, e buscam investimentos seguros, se esse é o objetivo de longo prazo, tudo bem, mas, normalmente, não é parte de uma estratégia planejada. Se o padrão de gastos da família está de acordo com a renda corrente, a necessidade de poupança para funcionários públicos é muito menor. Sendo assim, a função de renda permanente tem o seguinte formato:

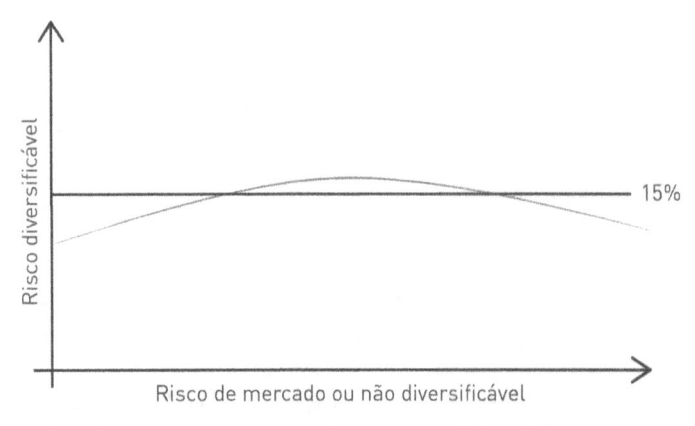

Gráfico 27: Renda permanente de um funcionário público

Nesse caso, a necessidade de poupança de um funcionário público com renda previsível seria muito pequena. Na verdade, a definição da estratégia de longo prazo ótima do funcionário público é diferente da maioria das pessoas. Enquanto os indivíduos que trabalham no setor privado conhecem seus desejos de padrão de gastos permanentes, mas não têm certeza do padrão de renda permanente, o problema do servidor público é o contrário.

Já que o padrão de renda permanente é conhecido, resta definir o padrão de gastos permanentes. É esse padrão que determina o período de dívidas e de poupança para o futuro. Como quer que o servidor se planeje, para fazê-lo de forma ótima, deve poupar menos que a média do setor privado, e pode se endividar mais, pela certeza do fluxo de caixa futuro.

Uma observação final: famílias com renda perpétua previsível são aquelas que podem se dar ao luxo de montar carteiras com mais ativos de paixão que a média das carteiras das famílias. Afinal, se a renda é previsível e o risco de fluxo de caixa é baixo, é compreensível investir em ativos com baixa liquidez como ativos de paixão.

Sr. Scrooge

O Sr. Scrooge é um personagem típico no Brasil, embora seu arquétipo esteja presente na obra de Charles Dickens e tenha chegado até nós pelo famoso personagem da Disney, o Tio Patinhas. Tenho um amigo — vamos chamá-lo de André —, que é a epítome do espírito de poupança do Tio Patinhas: gasta o mínimo possível, viveu enquanto pôde na casa dos pais e, mesmo assim, saiu somente quando teve a certeza de que poderia morar num apartamento da família, e, portanto, não pagar aluguel. Não vai a restaurantes caros, pede cervejas baratas no bar, viaja para o exterior apenas se o trabalho o envia (mas raramente estica a viagem para aproveitar o país visitado) e, basicamente, vive quase como frade franciscano, com a diferença de que em nenhum momento pensa em ajudar o próximo.

De fato, se puder levar vantagem em algo e sair com alguns centavos, ele o faria. Num jantar com amigos, numa churrascaria, ele anunciava para todos que nada comeria (e, portanto, nada pagaria), passando todo o tempo "beliscando" a comida dos outros, mas sem nada colocar no prato — no final das contas e do jantar, um dos amigos comentou o que todos sabiam: que o pai de um dos presentes iria pagar o jantar e, por isso, aquele comportamento do André era algo que não fazia o menor sentido. Àquela altura, a sovinice dele já era tão lendária, que ninguém se deu ao trabalho de avisá-lo antes.

Numa outra ocasião, num bar no qual ele sempre fazia questão de separar a conta pelo consumo individual, bebeu vários chopps, enquanto eu e outro amigo dividíamos garrafas de cerveja. No final, a conta do André foi maior que a nossa, e quando apontamos esse fato, ele ficou completamente emburrado, com cara de poucos amigos durante o resto da noite. O André, assim como o Sr. Scrooge e o Tio Patinhas, fica extremamente feliz se tiver uma boa grana guardada e, tão estupidamente quanto o Tio Patinhas, o André guardava o dinheiro sem render juros — enquanto o Tio Patinhas tinha todo seu dinheiro num cofre forte, o André deixava o dele na conta corrente. Claro que recomendei a ele que pelo menos colocasse sua poupança em algo que rendesse juros, e era bem seguro, e assim, o fez.

Contudo, mesmo depois de explicar que ele iria morrer rico e sem aproveitar o dinheiro, meu amigo continua juntando tudo o que pôde e vivendo sua vida de forma extremamente mesquinha. Por exemplo, ele reclamava de um acordo que tinha com sua ex-namorada, no qual cada um podia escolher aonde sairiam no dia de seus respectivos aniversários. Ela sempre escolhia um bom restaurante, e, uma vez por ano, ele tinha que pagar, a contragosto, a conta da namorada.

André comete o erro de muitos brasileiros, e subestima sua renda perpétua no caso dele, nunca seria muito grande, é verdade, já que ele é um jornalista freelance que não tem — e não quer — perspectivas de uma carreira bem remunerada. Ele tem um padrão de vida no qual precisa de pouco dinheiro, vive num apartamento próprio e é o único herdeiro de toda a família. Não existe, no caso dele, uma necessidade real de poupar grande parte da sua renda, mas a ideia de "desperdiçar dinheiro" o deixa tão fora de si, que é impossível que ele mude sua atitude, mesmo que racionalmente possa entender que há grande exagero no fato de que é o grande "mão-de-vaca" entre os amigos.

É verdade que o André consegue gastar dinheiro com alguns de seus hobbies, em especial colecionáveis de Star Wars, jogos de RPG e vídeo games. Ao mesmo tempo, depois de saber que, com sua morte, todas as suas posses iriam para o Estado — já que não planeja ter filhos —, começou a pensar na possibilidade de procriar (contra a vontade dos amigos, que acham que isso seria ruim para o pool genética da humanidade) somente para não "desperdiçar" o que acumulou em todos seus anos de pão-durice.

O pão-duro é o outro extremo do hedonista. Ambos são caricaturas num universo de tipos diferentes de perfis de risco. Enquanto um hedonista vai morrer pobre e pode ter problemas no meio do caminho, o pão-duro encontra-se no extremo oposto: vai morrer rico e desperdiçar oportunidades de usar o dinheiro.

O profissional liberal

O profissional liberal enfrenta o problema oposto do servidor público. Sua renda futura é incerta, e depende do seu capital intelectual e sua disposição e capacidade de trabalho. Nesse caso, uma carteira ótima deve privilegiar investimentos com perfil de risco mais conservador. Na verdade, montar uma carteira não é uma tarefa muito difícil, mas estabelecer os objetivos e adequá-los ao padrão de vida é que é a grande questão. Um exemplo é o de profissionais liberais *workaholics*, que gostam do que fazem e que pretendem trabalhar até o fim da vida, como muitos médicos, por exemplo. Nesse caso, a necessidade de poupança é menor, mas muitos, ainda assim, mantêm carteiras com grandes recursos sem muita necessidade.

É muito comum o caso do profissional liberal muito bem sucedido, mas que apresenta pouca educação financeira. Nesse caso, montam carteiras desestruturadas e sem relação com os objetivos de longo prazo. A base de uma carteira para esse tipo de profissional é colocar recursos significativos em títulos públicos, e talvez imóveis. Em especial, adequar a carteira aos recursos de longo prazo — alguns profissionais liberais apresentam poupança forçada, enquanto outros, não. No primeiro caso, a busca pelo risco pode ser mais interessante, enquanto no segundo deveriam ser privilegiados ativos com baixo risco de liquidez e preço.

O empreendedor

Uma empresa que surja pequena e vá crescendo é o arquétipo das empresas bem sucedidas brasileiras, com histórias variadas entre 20 e 50 anos (e até mais), nos quais os fundadores criaram e ou ele/ela ou seus descendentes foram responsáveis pelo desenvolvimento do empreendimento e seu sucesso no mercado. O resultado é um modelo de ciclo de vida da empresa parecido com o modelo de ciclo de vida do consumidor, divididos em três fases:

1ª Fase: Construção do negócio

A empresa atravessa os seguintes problemas nessa fase:

- Alto risco e alto retorno;
- O patrimônio da família e o da empresa se confundem;

- Volatilidade na renda familiar;
- Concentração grande de risco.

À medida que a empresa cresce...

2ª Fase: Diversificação natural

- Compra de imóveis para a família;
- Abertura de negócios correlatos e não correlatos;
- Familiares como empregados da(s) empresa(s) da família;
- Estratégia não-planejada.

A família, depois que a empresa atinge um tamanho razoável que as permita fazer retiradas mais vultuosas, começa a poupar, com medo da volta à 1ª fase. Mas é uma poupança sem estrutura, normalmente, concentrada em imóveis, com o único objetivo de segurança. Uma pesquisa informal com famílias participantes do programa de desenvolvimento de acionistas da Fundação Dom Cabral, da qual sou professor, revela que essa é a trajetória de 99% das médias empresas que participaram dos programas nos quais fui o professor. A busca pelo PDA da FDC é porque, entre outras coisas, as famílias empresárias precisam fazer a transição desta para a 3ª fase.

3ª Fase: Profissionalização

- *Family office*;
- Busca de atendimento a diversos interesses familiares;
- Estratégias de longo prazo;
- Busca de equilíbrio da relação risco/retorno.

Essa é a fase na qual muitas das grandes famílias empresariais brasileiras se encontram. A transição para essa fase significa criar um conselho familiar que vai cuidar, em última instância, dos interesses financeiros de longo prazo da família. Isso passa pela criação de um *Family office*, que permitirá apoio logístico e execução das estruturas financeiras determinadas pelo conselho. Uma grande família empresária brasileira, dona de uma das maiores siderúrgicas do país, tinha um *Family office* em 2013, com cerca de 42 empregados, responsáveis, entre outras coisas, pela gestão do patrimônio da família.

Essas famílias profissionalizadas vão ter metas de poupança em termos de diversificação e volume, com produtos com alta liquidez para permitir fluxos de caixa permanentes aos familiares e o atendimento de diversos interesses — para alguns membros da família, na época de despoupança esses fluxos seriam muito mais elevado do que para um membro jovem entrando na faculdade. Quando bem feita, a profissionalização da família permite gerar perenidade da mesma, pela montagem de um fundo que garanta os fluxos de longo prazo para suprir as necessidades de todos os membros da família. Claro que a transição para essa fase não é simples e envolve, muitas vezes, novos acordos de acionistas, criações de conselhos de famílias, um período de resolução de conflitos, entre outros passos para o objetivo final de um plano sensível que atenda aos interesses de todos os membros envolvidos.

Infelizmente, em alguns casos, vemos que não é possível montar estratégias racionais de poupança e despoupança, por causa de conflitos internos muito fortes entre membros da família. Já ouvi, em sala de aula, caso de familiar dizendo que o problema do patriarca, centralizador e sem ouvir o resto da família, só tinha uma solução — o tempo. Realmente, para essa família, estabelecer estratégias financeiras de longo prazo seria impossível.

Outras vezes o resultado é o da empresa rica, família pobre. Muitos fundadores se preocupam em reinvestir todo seu capital, incluindo lucros e potenciais dividendos, na empresa, com o argumento de que o importante é valorizar o negócio. Isso realmente faz sentido na fase de construção de negócio, mas, na segunda fase, a família deve diversificar seu risco para não ter todo o seu patrimônio ligado à empresa. E, se possível, deve saltar logo para a 3ª fase e manter uma carteira diversificada — afinal, empresas são muito íliquidas, assim como imóveis. Investir somente nos dois significa deixar a famílias sem aproveitar os altos retornos e altíssima liquidez de títulos públicos, por exemplo.

CAPÍTULO 15 — LIÇÕES: RENDA E NÃO PATRIMÔNIO

A cultura brasileira é patrimonialista. Isso está representado mais fortemente no amor ao tijolo, mas é um fenômeno mais amplo que isso. São muitos os casos de empresários que nunca pagaram dividendos e se contentam com o pro-labore e a valorização patrimonial. Outros usam os rendimentos da empresa para adquirir grandes fazendas. Também gostamos de mostrar posses: carros novos, roupas e acessórios caros e produtos importados.

É parte do inconsciente de um país com uma das piores distribuições de renda do mundo e no qual até poucos anos atrás era impossível consumir produtos importados — não somente fomos traumatizados por questões internas, como congelamento e inflação, mas também ainda somos um dos países mais fechados ao comércio do mundo.

Não gostamos de competição econômica de verdade. O Brasil tem uma grande tendência à oligopolização e criação de monopólios, muitas vezes com apoio do governo e, no âmbito comercial, uma relação esquizofrênica com o resto do mundo: ao mesmo tempo em que temos um complexo de vira-latas em relação aos produtos importados, não queremos que a concorrência internacional chegue de verdade ao país.

Essa cultura patrimonialista não é somente brasileira. Na China e na Rússia também vemos uma cultura na qual o patrimônio é relativamente mais valorizado pelos estratos mais ricos da sociedade. Assim como no Brasil, esses países sofreram décadas de atraso econômico e somente alcançaram a estabilidade na década de 1990. Essa cultura patrimonialista é vista pelo resto do mundo como um resultado de um padrão de consumo de "novos ricos" — elites de países em desenvolvimento que teriam mais dinheiro que bom gosto. Não há nada de errado em querer consumir os produtos das melhores marcas do mundo, mas uma pergunta é importante: por que o amor ao patrimônio?

Do ponto de vista da teoria de finanças pessoais, renda é mais importante que patrimônio. Considere, por exemplo, que você tenha uma pensão vitalícia de R$50.000 ao mês, reajustada pela inflação. A não ser que o seu padrão de vida seja extremamente extravagante, essa renda é suficiente para cobrir todas suas necessidades mensais até o final da vida. Nesse caso, não há qualquer necessidade de poupança, pois a contribuição do patrimônio ao seu padrão de consumo é quase nula. Contudo, um patrimônio sem uma boa administração vai ser dilapidado no tempo pela necessidade de criar fluxos para os pagamentos das despesas mensais (a não ser, é claro, que seja grande o suficiente para poder ser dilapidado sem consequências — mas, nesse caso, você não precisa desse livro).

Uma boa administração de patrimônio é aquela que permite um fluxo de renda compatível com a curva de gastos de longo prazo. No passado, a administração de patrimônio no Brasil era algo simples: bastava comprar uma carteira de títulos públicos que rendiam mais de 15% ao ano, livres de juros. Assim, mesmo quantias não muito grandes permitiam ganhos significativos, se mantidos numa carteira de títulos públicos. Hoje em dia ganhos fartos sem riscos são impossíveis, e é mais difícil montar uma carteira que combine alto nível de renda sem risco. Aos poucos devemos deixar a cultura da renda fixa para incorporar carteiras balanceadas, com um misto de renda fixa e renda variável, com diferentes componentes de risco. Ou então, podemos sempre ficar na caderneta de poupança e entregar ao sistema financeiro sem custo, o fruto de nossa preguiça e ignorância.

Mas a grande lição é: uma boa estratégia de longo prazo está baseada em fluxos, não patrimônio. É por isso que uma carteira baseada em imóveis não é ideal — ela não gera, necessariamente, um fluxo de caixa de longo prazo, que torne as necessidades de caixa adequadas ao patrimônio imobilizado. No Brasil, por exemplo, não existe o mecanismo de hipoteca reversa, como no caso americano, que permite ao detentor do imóvel vendê-lo com recebimentos temporários, mas entregá-lo somente a longo prazo (às vezes, mais de 20 anos).

Nesse caso, seria possível continuar morando no imóvel e aproveitar o patrimônio no período de desinvestimento. A não ser que o imóvel vá ser deixado de herança, e, portanto, será resultado de superpoupança, em algum momento ele deverá ser vendido para que seu principal seja usado para custear os últimos anos da família. Isso é mais comum em outros países, mas, no Brasil, essa estratégia ainda é muito pouco usada, a não ser por extrema necessidade.

A carteira ideal

Vamos considerar as principais opções na literatura financeira, estabelecendo custos e benefícios de cada opção:

1. Planos de previdência — apresentam como principal vantagem o planejamento fiscal eficiente (pela possibilidade de escolha entre plano e VGBL) e o compromisso mensal de contribuição. Contudo, apresentam altos custos de transação e pouca flexibilidade (resgates antecipados são possíveis, mas incorrem em mais custos de transação). É uma boa opção para aqueles investidores que têm perfil conservador e alto fluxo de renda mensal, e que não querem se preocupar em gerenciar um patrimônio financeiro. Nesse caso, o plano de previdência significa uma terceirização da gestão de parte da carteira financeira da família.

Para pessoas com renda esporádica, o plano de previdência pode não ser o ideal, pois o compromisso de uma contribuição pode significar um sacrifício indevido em épocas de volatilidade de renda. De qualquer forma, representam uma opção relevante para muitas famílias. Embora atualmente não existam mais planos com benefício definido, mas, sim, com contribuição definida, que permitem um planejamento eficiente com uma condição: **que as metas atuariais consigam ser alcançadas**. Essa condição é extremamente importante, e é um risco da família. Se o plano de previdência não alcançar esses rendimentos, o valor da aposentadoria estaria comprometido. Não é um risco muito elevado, mas ele existe e deve ser considerado nas decisões de longo prazo.

2. Caderneta de poupança — esqueça, ou deixe nela somente o dinheiro para pagar as contas de um mês. Simplesmente é um investimento para os desinformados — e existem muitos deles, já que os depósitos na caderneta somam mais de meio trilhão de reais!

3. Títulos de capitalização — não são investimentos financeiros. Basicamente, é a mesma coisa que jogar na loteria, mas com possibilidade de ganhos menores. Provavelmente a pior forma de se tentar poupar dinheiro na economia brasileira.

4. Imóveis — devem compor a carteira de uma família, mas nunca representar mais que 30% do patrimônio, a não ser que os fluxos de recebimentos da família sejam muito grandes, e, portanto, seja interessante contrabalançar o fato de que imóveis são extremamente ilíquidos. Ou seja, uma família com salários vitalícios vindos do funcionalismo público pode manter um patrimônio em imóveis exacerbado, pois tem como garantia o fluxo mensal de salários, que é pouco volátil (mas que tem risco político de longo prazo).

5. Títulos públicos — são a melhor opção para todos os tipos de investidores, enquanto as taxas de juros no Brasil estiverem altas. Eu defino taxas de juros altas como taxas de juros reais acima de 4% ao ano (ou seja, 4% acima da expectativa de inflação). Isso pode ser medido pelo preço dos títulos NTN-B — enquanto eles estiverem remunerando os investidores com taxas reais acima desse valor, qualquer carteira tem que ter grande parcela de investimento em títulos públicos. Isso independentemente do perfil de risco — no Brasil, as taxas de juros são tão altas, que a taxa de juros livre de risco tende a remunerar demasiadamente os detentores de títulos públicos. Montar uma carteira com 50% do patrimônio nesses títulos seria de certa forma saudável, conservadora, e excelente para todos os perfis de risco, a não ser os muito arrojados.

6. Títulos privados — uma boa alternativa para aqueles investidores mais bem qualificados e informados. Recentemente, eu estava conversando com um ex-vice-presidente do BNDES, aposentado, que estava investindo uma quantia considerável em títulos corporativos da Vale, que estariam pagando 2% ao ano acima dos títulos públicos similares. Ou seja, ele estava aceitando o pequeníssimo risco da Vale quebrar nos próximos 5 anos para obter ganhos um pouco acima dos títulos públicos. Obter títulos como CRI ou outros tipos, inclusive CDBs, que rendem acima de 100% do CDI, pode ser uma maneira de tentar conseguir ganhos maiores sem sacrificar muitos riscos.

7. Investimentos em moeda estrangeira — somente para aqueles que passam longas temporadas no exterior e têm receios de bruscas variações cambiais. Fora esses casos, não é recomendado, pois como a taxa de juros livre de risco no Brasil é muito mais alta, se comparada ao resto do mundo, mesmo que o Real se desvalorize, para um investidor brasileiro perder dinheiro, essa desvalorização tem que ser maior que o diferencial de juros.

Por exemplo, um investidor no Brasil em 2014 podia comprar um título de curto prazo (2 anos) e ser remunerado a uma taxa de 12% ao ano, brutos, cerca de 10% ao ano líquidos. Um fundo em moeda estrangeira mal conseguiria um retorno de 2%, dadas as baixas taxas de juros no mundo nessa época. Ou seja, um investimento em um fundo estrangeiro, nessa situação, somente valeria a pena se a desvalorização esperada da moeda brasileira fosse acima de 8%. O que pode acontecer no curto prazo, mas a tendência da nossa moeda não é de constante desvalorização. A regra de ouro é: se a aposentadoria vai ser no Brasil, o ideal é manter o máximo possível de dinheiro no país. Se a moeda se desvalorizar, paciência, pois isso afeta também o custo de vida.

8. Fundos de Renda Fixa — se aprendermos a mexer no tesouro direto e os riscos de comprar títulos de prazos longos, dificilmente precisaremos comprar cotas em fundos de renda fixa, que, normalmente, pegam nosso dinheiro e compram os títulos públicos que podemos comprar via tesouro direto.

9. Ações e Fundos de Ações — o mercado de ações brasileiro é volátil, mas todos são. Mesmo para os avessos ao risco, é interessante ter uma parcela da sua renda no mercado de ações quando da formação do patrimônio. Afinal, podem subir muito mais que títulos públicos, embora tenham obviamente muito mais risco. A vantagem de fundos diversificados é a diminuição do risco idiossincrático. Mas apostar numa ação no longo prazo pode ser uma boa ideia. Só não vale reclamar do efeito patrimônio — se investiu em ações e perdeu dinheiro, isso não significa nada. É parte do jogo.

10. Fundos Multimercado — têm um papel interessante em diversificar alguns riscos e buscar maiores ganhos. Mas precisam de algum conhecimento. A grande regra de ouro de investimentos em fundo é: se a taxa de administração é alta (mais que 1,25% ao ano), fuja dele.

11. Ativos de Paixão — livros, obras de arte, automóveis raros são todos investimentos com alta possibilidade de ganho, mas baixíssima liquidez e muito risco. Podem fazer parte de uma carteira, especialmente se já há noção de sobrepoupança. Por exemplo, um empresário, em uma aula sobre investimentos dizia que seu ativo de paixão era a fazenda na qual ele ia toda semana. E ele estava certo. Como negócio era muito ruim, não dava lucro, gerava custos altos, logo, riscos trabalhistas, etc. Ainda, apresentava baixa liquidez e tinha que ser gerenciada de perto. Mas, no final das contas, era o lugar no qual ele queria passar a velhice. Como ele tinha montado uma carteira diversificada que permitia um alto fluxo de caixa, podia se dar ao luxo de "jogar" dinheiro fora em ativos de paixão.

E qual o resultado? No Brasil, o resultado completamente contraintuitivo é de que a aversão ao risco não deveria importar tanto na hora de formação de uma carteira eficiente. Os títulos públicos prometem retornos tão altos que, para qualquer perfil de risco, o ideal é ter pelo menos 50% da carteira em investimentos no tesouro direto. A aversão ao risco entra nos outros 50%, somente. Na verdade, podemos chegar à última lição de formação de carteira para os avessos ao risco:

Do aluguel aos cupons: Como viver de renda

No passado, a única forma de viver de renda no Brasil era montar uma carteira patrimonial e gerenciar os imóveis de forma a receber aluguéis que permitissem a vida sem se preocupar com dinheiro. Ainda é possível fazer isso, mas a renda de aluguel no Brasil é tão baixa (menos de 6% ao ano, ou seja, abaixo da poupança), que fazer isso significa montar um patrimônio muito acima do necessário. E também se transformar, um pouco, num administrador de imóveis, com todas as questões legais e burocráticas envolvidas nisso.

A fórmula mágica é: Renda Anual / Taxa de Juros Anual Real Líquida. Se podemos comprar hoje títulos que pagam cerca de 5% líquidos de impostos e inflação (como os NTNB-s, por exemplo), podemos montar uma carteira só com títulos públicos que nos dê essa tranquilidade, e ainda podemos deixar os próprios títulos como herança. Se a família precisa se aposentar com R$120 mil anuais, além das outras formas de poupança forçada, isso significaria uma necessidade de ativos financeiros de R$2,4 milhões.

O problema com essa estratégia é que ela fica sujeita a mudanças de taxa de juros. Ainda assim, é possível comprar títulos da NTN-B com períodos acima de 20 anos (chegando a 35 anos, se levado em consideração títulos com vencimento em 2050). O grande benefício é que o custo de aprendizagem é baixo e não há maiores dificuldades em gerenciar um fundo familiar após esse aprendizado.

Assim, seria possível viver através dos cupons (pagamentos semestrais) pagos por esses títulos. Eles valorizariam no longo prazo a taxa de inflação mais ganhos reais, porém, ao longo do tempo, permitiriam aproveitar o alto rendimento através do resgate automático de cupons. É ideal para a sociedade que se possa viver de renda com facilidade no Brasil? Na verdade, não.

É um privilégio para poucos aproveitar as altas taxas de juros no Brasil e para o bem estar da sociedade seria muito importante que a taxa de juros fosse baixa e não fosse possível o que os economistas chamam de uma cultura "rentista". Mas, ainda assim, não vale a pena perder oportunidades. O Brasil permite que as pessoas vivam sem patrimônio, aproveitando as altas taxas de juros — é melhor aproveitar enquanto é possível. No futuro, os mercados financeiros deverão continuar sendo a fonte de poupança ideal, mas os indivíduos terão que correr mais riscos.

Desde o advento do Plano Real, nada foi melhor do que investir em títulos públicos, classe de ativos que deveria dar menos retorno que qualquer investimento de risco no longo prazo. O retorno bruto do CDI (que é quase equivalente ao retorno dos títulos de curto prazo no Brasil e dos *treasuries* nos EUA) foi de 3.187% acumulado entre 1994 e 2014, contra um retorno de cerca de 1.287% para o Ibovespa (http://www.estadao.com.br/noticias/impresso,em-20-anos-de-plano-real-retorno-da-renda-fixa-superou-a-do-ibovespa,1150264,0.htm).

A poupança rendeu cerca de 819%, enquanto o ouro somente 681,53%. Descontada a inflação, títulos de curto prazo renderam, em termos reais, 629% (ou 10,44% ao ano), enquanto o retorno em ações foi de 207,91% (ou 5,77% ao ano). O que é interessante é que a Bolsa brasileira se comportou como o padrão das bolsas mundiais, com retorno real perto de 6% ao ano. Enquanto isso, os títulos públicos de curto prazo, que nos EUA renderam próximo de 0,5% ao ano, durante toda a história recente do país,apresentaram aqui rendimento acima de 10% ao ano, em termos reais. Esse valor é muito alto e, mesmo hoje, com os juros em torno de 5 a 6% em termos reais, ainda é possível traçar estratégias de finanças pessoais sem patrimônio e sem risco de longo prazo, a não ser o risco de planejamento. Em nenhum outro país do mundo encontram-se as oportunidades de ganhos sem risco que o Brasil apresenta.

A postergação da poupança para o período de pico de renda e a concentração em títulos públicos são estratégias ótimas no planejamento financeiro de longo prazo no Brasil. E o melhor disso é que é possível mudar essa estratégia sem muitos custos se o cenário mudar (como menor taxa de juros, por exemplo). Montar estratégias diferentes, como concentração em ativos ilíquidos, significa menor flexibilidade e maior risco. Um dia, o Brasil será um país normal, onde a renda de ativos financeiros será acompanhada de diferentes perfis de risco — hoje, ainda vale a pena a concentração em títulos públicos, e essa é a base da estratégia de riqueza sem patrimônio.

CAPÍTULO 16 — CONCLUSÃO — A VIDA SEM PATRIMÔNIO

É possível viver como rico sem qualquer patrimônio. Melhor ainda: é possível viver com poucos sacrifícios, desde que tenhamos planejamento de longo prazo, aceitemos mais risco que os que estamos acostumados e não queiramos deixar um legado patrimonialista. E, claro, que tenhamos capacidade de criar renda ao longo de um bom período.

A vida financeira ideal é aquela no qual o período de poupança é o menor possível, alavancamos períodos de pobreza com dívidas e terminamos a vida sem qualquer patrimônio. Podemos alugar carros de luxo para viagens no exterior, ficar nos melhores hotéis, comer nos melhores restaurantes e aproveitar o uso do dinheiro, vivendo como ricos, desde que tenhamos um planejamento de longo prazo condizente com nossa renda permanente e padrão de gastos de longo prazo constantes.

A minha carteira de investimentos, em particular, segue exatamente o padrão expresso ao longo do livro. Como não estou no meu período de pico de renda, não tenho qualquer poupança. Vivo de aluguel e gasto toda a minha renda fazendo dívidas se possível (como crédito consignado), tendo um elevado padrão de gastos, já que não faço qualquer sacrifício financeiro no presente. Isso vai mudar em pouco tempo, quando minha renda ultrapassar o padrão de gastos permanentes que almejo. A partir deste ponto começarei a montar um fundo financeiro para minha aposentadoria.

Se as taxas de juros se mantiverem altas, esse fundo será composto basicamente de títulos públicos. Ao achar que tenho o suficiente para me aposentar e manter o alto padrão de vida, paro de trabalhar e vivo de renda financeira, além da poupança forçada de todo brasileiro. Não pretendo comprar imóveis, já que a poupança forçada é extremamente ilíquida, mas provavelmente alugarei casas em diferentes partes do mundo para viver em outros países parte do ano, se estiver adequado à minha família. O melhor de viver sem patrimônio é ter flexibilidade. Com um fundo financeiro, existe tranquilidade e liquidez para eventuais problemas. Como sou pouco avesso a riscos, minha poupança precaucional é baixa, mas isso é contrabalançado pelo fácil acesso a crédito que possuo.

Minha estratégia é estranha a maior parte dos brasileiros, mas representa um padrão de vida de rico, durante o maior tempo possível. Viver como rico é possível em uma das duas situações: se já temos grande patrimônio, ou se temos capacidade de gerar renda. Como o primeiro caso é para poucos — herdeiros, grandes empresários, etc —, nos resta a segunda opção. Se temos capacidade de geração de renda, podemos ser ricos se abdicarmos de criação de patrimônio.

Muitas famílias de classe média passam a vida inteira acumulando patrimônio. Para isso, deverão viver espartanamente. Diminuir o período de poupança significa poder aproveitar mais a renda. Não ficarei rico no sentido normal da palavra, de ter muito patrimônio, mas poderei viver como tal, aproveitando a capacidade de endividamento no presente e os rendimentos de um fundo financeiro no futuro.

Quais as dicas finais do livro, então? Primeiramente, evitar sobre ou sub poupança. Em segundo, começar a poupar no momento certo, ou seja, no pico de renda da família. Em terceiro, não ter medo do endividamento, se houver capacidade de geração de renda futura. Isso é especialmente importante para quem está em começo de carreira e se sente culpado por poupar pouco. Dívidas são boas, desde que estejam relacionadas a objetivos claros e a taxas de juros baixas.

O mais importante é entender que enquanto houver renda, não precisa haver medo do futuro. Essa renda pode vir do patrimônio, do trabalho, dos fundos financeiros ou das outras fontes, mas é a previsibilidade desses fluxos que tornam uma pessoa rica. Ter carros, iates e mansões é irrelevante para determinar a riqueza moderna. Se houver fluxo de caixa, tudo pode ser alugado sem problemas e sem despesas fixas associadas à manutenção e custos de transação desses ativos.

Mas o modelo mental moderno é difícil de ser internalizado. Como vimos, são muitos os nossos defeitos na hora de tomarmos decisões, sejam de finanças pessoais, ou qualquer outro tipo. Em especial a aversão a perdas faz com que mantenhamos a tendência patrimonialista de não querermos nos desfazer do que foi construído ao longo da vida. Essa é a lição mais difícil: consumir o principal do patrimônio nos anos de aposentadoria.

De qualquer forma, o que importa é que dinheiro é um meio, e aprender a lidar com ele de forma racional nos liberta de diversos sentimentos, como culpa por poupar pouco, ou gastar demasiadamente. Quer viver como rico? Esqueça o curto prazo e foque na sua capacidade de geração de renda futura. Quanto maior for essa capacidade, maior a alavancagem presente, menor o período de poupança e mais cedo você vai poder se aposentar. E tudo isso vivendo muito bem ao longo de toda vida, sem os grandes sacrifícios e a culpa de poupar pouco ou muito que muitas pessoas carregam.

Comentários sobre outros livros, ou uma breve bibliografia sobre finanças pessoais e administração financeira

Já comentamos sobre um dos maiores livros de finanças comportamentais já escritos, o de Daniel Kahneman. Ele nos mostra como tomamos decisões erradas em todos os aspectos da nossa vida. Infelizmente, somos falhos, e, por isso, milhões de páginas ainda serão escritas sobre diversos assuntos ligados a finanças. Mas o livro de Kahneman não é o único, embora seja de longe, o melhor. Vários livros de finanças pessoais têm muitas lições importantes, mesmo aqueles de auto ajuda. O que devemos ter em conta é que a maioria é escrita sob a perspectiva de que as pessoas são extremamente conservadoras e valorizam o acúmulo de riqueza como algo nobre.

Nesse caso, se sacrificar sempre faz todo o sentido, e deveríamos começar a poupar o mais cedo possível. Em muitos casos, vejo executivos criando cadernetas de poupança para os filhos. Ou seja, em alguns casos, começamos a poupar antes de nascer! Mas todos os livros trazem boas lições, se soubermos relacionar os argumentos com nossa perspectiva de planejamento de longo prazo. Em especial, alguns livros interessantes (a lista está longe de ser exaustiva) são:

Ariely, D. (2010) *Positivamente Irracional*, Ed. Elsevier.

Duhigg, C. (2011) *O Poder do Hábito: Por que Fazemos o que Fazemos na Vida e nos Negócios*, Ed. Objetiva.

Taleb, N.N. (2004) *Iludido Pelo Acaso*, Ed. Record.

Mosca, Aquiles (2008) *Finanças Comportamentais: Gerencie suas Emoções e Alcance Sucesso nos Investimentos*, Ed. Elsevier.

Barbedo, Claudio, Silva, Eduardo (2012) *Finanças Comportamentais*, Ed Atlas.

Dana, S.; Sousa, F. (2012) *Como Passar de Devedor Para Investidor — Um Guia de Finanças Pessoais*, Cengage Learning.

Morais, J.C; Kolinsky, R.; Macedo Jr., J. (2011) *Finanças Comportamentais — Como o Desejo, o Poder, o Dinheiro e As Pessoas Influenciam Nossas Decisões*, Ed. Atlas.

Outra área relevante ao presente livro é avaliação de investimentos. É impressionante que ainda hoje no Brasil a maioria das pessoas desconheça a facilidade de comprar títulos públicos através do tesouro direto. Em um mundo racional a quantidade de recursos nas cadernetas de poupança seria de zero e estaríamos preocupados em como diversificar nossos investimentos com diferentes perfis de risco. Alguns excelentes livros sobre o assunto são:

Damodaran, A. (2010) *Avaliação de Investimentos: Ferramentas e Técnicas para a Determinação do Valor de Qualquer Ativo*, Ed. Qualitymark.

Damodaran, A. (2006) *Mitos de Investimento*, Ed. Financial Times Br.

Brasil, Haroldo G. (2002) *Avaliação Moderna de Investimentos*, Ed. Qualitymark.

Siegel, J. (2009) *Investindo em Ações no Longo Prazo*, Ed: Elsevier.

Finanças é um assunto muitas vezes difícil para não especialistas. Contudo, alguns manuais são realmente excelentes e deveriam ser estudados por todos aqueles que desejam entender mais sobre como empresas e indivíduos tomam decisões financeiras. Em todos, há fórmulas e contas, mas isso é inevitável. Também é interessante entender de matemática financeira, para que seja possível estimar valores futuros e presentes de fluxos de caixa, para que possamos mapear custos de oportunidade de alternativas de investimento.

Ross, S.; Westerfield, R. (2013) *Fundamentos de Administração Financeira*, Amgh Editora.

Brigham, E. F., Gapenski, L. C., Ehrhardt, M. (2001). *Administração financeira: teoria e prática*. São Paulo: Atlas.

Gitman, Lawrence J. (2010) *Princípios de Administração Financeira*, Ed. Pearson.

Puccini, Abelardo L. (2011) *Matemática Financeira: Objetiva e Aplicada*, Ed. Elsevier.

A mais importante literatura, contudo, é aquela que avança a ciência e que explora conceitos de fronteira na área de finanças comportamentais. A seguir, alguns artigos que apresentam evidências científicas de diversos conceitos relevantes sobre esse assunto, desde o fato de que pessoas inteligentes têm mais propensão ao risco, são mais pacientes (Dohmen et al, 2010) e investem mais em ações (Christelis et al, 2010), até o fato de que casais com problemas tendem a ter maior poupança precaucional (Pericoli e Ventura, 2012) e que mulheres não têm naturalmente maior aversão ao riscos que os homens (Booth et al, 2014).

Christelis, D., Jappelli, T., & Padula, M. (2010). *Cognitive abilities and portfolio choice*. European Economic Review, 54(1), 18–38.

Dohmen, T., Falk, A., Huffman, D., & Sunde, U. (2010). *Are risk aversion and impatience related to cognitive ability?* The American Economic Review, 100(3), 1238–1260.

Lusardi, A., & Mitchell, O. S. (2011). *Financial literacy around the world: an overview* (No. w17107). National Bureau of Economic Research.

Banks, J., & Oldfield, Z. (2007). *Understanding Pensions: Cognitive Function, Numerical Ability and Retirement Saving.* Fiscal Studies, 28(2), 143–170.

Mazzonna, F., & Peracchi, F. (2012). *Ageing, cognitive abilities and retirement.* European Economic Review, 56(4), 691–710.

Pericoli, F., & Ventura, L. (2012). *Family dissolution and precautionary savings: an empirical analysis.* Review of Economics of the Household, 10(4), 573–595.

Kureishi, W., & Wakabayashi, M. (2013). *What motivates single women to save? The case of Japan.* Review of Economics of the Household, 11(4), 681–704.

Fisher, P. J. (2013). *Is There Evidence of Loss Aversion in Saving Behaviors in Spain?* Journal of family and economic issues, 34(1), 41–51.

Browning, M., & Lusardi, A. (1996). *Household saving: Micro theories and micro facts.* Journal of Economic literature, 1797–1855.

Sutter, M., Kocher, M. G., Glatzle-Rutzler, D., & Trautmann, S. T. (2013). *Impatience and uncertainty: Experimental decisions predict adolescents' field behavior.* The American Economic Review, 103(1), 510–531.

Bergman, O., Ellingsen, T., Johannesson, M., & Svensson, C. (2010). *Anchoring and cognitive ability.* Economics Letters, 107(1), 66–68.

ÍNDICE

A

aluguel 53, 95
amor ao tijolo 21, 72, 77, 145
análise de portfólio 104
ancoragem 41, 49
ativos 86, 106, 116
   de paixão 116
aversão a perdas 41, 42, 53, 134, 155
Aversão a perdas 40
   a risco 25, 157

B

Banco Central 39
BNDES 148
bolsa de valores 104
bônus demográfico 36, 37, 38

C

caderneta de poupança 43, 102
capital 84
carteira ideal 100
casa própria 63, 136
CDB 104, 106, 149
consumir 31
CRA 108
crise financeira 56
custo de oportunidade 42, 121
   de transação 83, 86

D

Daniel Kahneman 39, 155
debêntures 107
decisões erradas 155
desinvestimento 11, 45, 56, 116
despoupança 45, 57, 142
dólar 3

E

efeito ancoragem 41
   manada 41
   otimismo 48
   patrimônio 49
empregado 141
endividamento 73, 154
Eventos raros 49
expectativa 88, 89, 127

F

Falácia 40
   do Jogador 49
finanças 31
   pessoais 77, 133
fronteira eficiente 111, 112

Funcionário Público 135
Fundos de Ações 149
fundos de investimento 87, 91

G

ganho de capital 83
gastos permanentes 52, 137

H

hedonista 133, 139

I

ilusão monetária 84, 90
imóvel 65
imposto de renda 85
inflação 44, 136, 145
investimento 87

J

juros 73

K

Kahneman, 155

L

LFT 111
liquidez 58, 83, 111, 113, 137
longo prazo 67
loteria 111, 130, 148

M

Manada 49
minimax 43
modelo de poupança 59
modelo mental 94, 155
Modigliani 31
moeda estrangeira 95

N

Negatividade 40, 49
NTN 96

O

oportunidade 121, 124
otimismo 48, 49

P

patrimônio 49, 50, 54, 114
perdas 41
perfil de risco 43, 123
planejamento 99, 147
planejamento financeiro, 51
poupança 95, 129, 155
poupança forçada 36
prêmio de risco 105
premortem 54
prestações 6, 70
Propriedade 49

Q

quase renda 84, 114

R

renda 53, 86
   fixa 88, 107
   permanente 82
   perpétua 137, 139
risco 105, 106
   cambial 59
   de contraparte 107, 108
   idiossincrático 119
   sistemático 119

S

SELIC 65, 101, 125
sócio 104
Steve Jobs 60

subpoupança 48
superendividamento 7

T

taxas 92
   de administração 91, 125, 150
   de juros 32, 105
   de juros livre de risco 73
teoria de renda permanente 23

tesouro direto 43, 44, 92, 125, 149
títulos públicos 43, 44, 106, 108, 114, 140
transação 85, 114

V

VGBL 147

W

Warren Buffet 60

Conheça livros de nossos autores Nacionais

ALTA BOOKS EDITORA

- Idiomas
- Comunicação
- Informática
- Negócios
- Guias de Viagem
- Interesse Geral

Visite também nosso site para conhecer lançamentos e futuras publicações!

www.altabooks.com.br
/altabooks
/alta_books

Seja autor da Alta Books

Todo o custo de produção fica por conta da editora e você ainda recebe direitos autorais venda no período de contrato.*

Envie a sua proposta para autoria@altabooks.com.br ou encaminhe o seu texto**
Rua Viúva Cláudio 291 - CEP: 20970-031 Rio de Janeiro

*Caso o projeto seja aprovado pelo Conselho Editorial.

**Qualquer material encaminhado à editora não será devolvido.